오래된 비밀

대한민국 상위 1%의 멘토가 말하는 운의 원리

오래된 비밀

이서윤 지음

이다미디어

들어가면서

내가 생각하는 대로, 나는 실현된다

생각을 조심하라, 말이 된다.
말을 조심하라, 습관이 된다.
습관을 조심하라, 성격이 된다.
성격을 조심하라, 운명이 된다.
우리가 생각하는 대로, 우리는 실현된다.

영화 〈철의 여인〉에서 치매에 걸린 마가렛 대처 전 영국 수상이 정신과 의사와 상담하면서 남긴 말입니다. 우리의 생각이 말이 되고, 습관이 되고, 성격이 되고, 마침내 운명이 된다는 뜻입니다. 그녀의 아버지가 인생의 좌우명처럼 들려준 말이라고 하네요.

그렇습니다. 수많은 운명론자들의 주장에도 불구하고, 인간은 자신의 운명을 만들어갈 수 있는 존재입니다. 세상에서 벌어지는 많은 일이 우연으로 점철된 것처럼 보이지만, 실제로는 일정한 법칙 아래 한 치의 오차도 없이 정교하게 움직이는 과학의 세계랍니다. 우리의 운명이 어떤 신비한 힘의 작용이라기보다는 스스로 의식 또는 무의식으로 불러온 현실이기 때문이지요.

저도 10대 초반까지는 기존의 역학 이론들을 공부하고 해석하는 데 그쳤습니다. 그러던 중 게리 주커브의 《춤추는 물리》를 우연히 읽게 되었습니다. 거기에 나오는 한 구절, 다음과 같은 대목이 저로 하여금 운명학을 과학으로 구현할 수 있다는 확신을 하게 해주었습니다.

'철학적인 차원에서 보면 양자역학에 포함된 함의는 현란하다. 인간은 인간의 현실에 영향을 끼칠 수 있을 뿐 아니라, 어느 범위 안에서는 사실상 그 현실을 창조할 수도 있다는 것이다.'

그렇다면 좋은 현실을 만들어내기 위해 우리는 어떤 태도와 전략을 취해야 하는가, '어느 범위 안에서는'의 범위는 어떻게 정할 수 있는가, 그리고 인간은 다른 인간의 현실에 어떠한 영향을 끼칠 수 있는가 등 수많은 질문을 해볼 수 있습니다. 그리고 그 해답을 운명학 안에서 찾아낼 수 있답니다. 여기에서 운명학의 의의는 우리의 무의식이 향후 어떤 미래를 불러올 것인지를 최대한 정확하게 예측하는 것뿐 아니라, 그런 미래를 불러오는 자신을 성찰하고, 나아가 행복한 삶을 창조할 수 있도록 하는 데 있다고 할 수 있습니다.

'운이 과학적이다'라는 사실은 그동안 잘 밝혀지지 않았습니다. 인간의 전 생애가 그 대상이고, 또 짧은 시기에 결과가 나타나는 것이 아니기 때문입니다. 저 역시 스스로를 '행운을 가질 자격이 있는 사람들을 위한 참모'로 생각했기에 운명학을 대중적인 책으로 펴내기까지는 여러 번의 망설임이 있었던 것이 사실이랍니다.

그러나 시간이 흐르면서 이제는 운명학의 오래된 비밀인 행운의 원리와 기술을 많은 사람과 나눌 수 있다는 믿음과 자신감이 생겼습니다. 이후 누군가 이 책을 기다리고 있고, 또 그 누군가를 위해 이 책을 펴낼 때가 왔다, 라는 매우 강한 느낌과 여러 가지 흐름이 저를 여기까지 이끌어왔습니다. 제가 생각한 대로, 제 운명이 실현된 것입니다. 사실 지금까지 저는 동서양에 걸쳐 4만여 명의 운명학적 특징을 분석하고 정리하는 데이터베이스화 작업을 꾸준히 해왔습니다. 동서양의 대표적인 6~7가지 운명학적 방법으로 검증한 운명데이터를 분류하고 운의 일관된 법칙을 찾아내는 것이지요. 이 운명데이터를 통해 내린 일반적이고 귀납적인 결론인 행운의 원리와 기술은 한 치의 어긋남도 없습니다.

이 책에서 다루는 행운의 원리와 기술도 제가 만난 우리나라 상위 1% 안에 드는 고객 720명과 그 가족 3,000여 명의 운명데이터를 연구 분석한 결과물입니다. 이들 가운데는 천문학적인 돈을 가진 재벌가의 오너, 고위 공직자와 정치인, 유명한 연예인, 스타급 펀드매니저 등등 이름이 알려진 사람들도 많습니다. 이들의 운명학적인 특징과 삶의 태도, 위기 관리 및 대처 능력 등 행운을 불러오는 공통분모를 추출하여 운명학의 관점에서 해석하고 정리한 것이지요. 운이 좋은 사람들에게, 행운은 어쩌다 찾아오는 손님이 아니라 언제나 함께하는 편안한 가족과 마찬가지랍니다. 그리고 운은 좋아지는 시기에 정체기와 상승기를 거듭하면서 계단식으로 발전을 합니다.

이 책이 당신의 기나긴 정체기의 끝을 알리는 신호탄임을 믿어야 합니다. 이 책을 만난 당신은 행운이 상승하는 시기에 한두 계단이 아닌, 서너 계단을 한꺼번에 오를 수도 있겠지요. 때문에 지금 당신은 삶의 흐름을 좋은 방향으로 이끌기 위해 노력해야 합니다. 당신의 노력이 제대로 된 타이밍을 만나면 큰 행운이 빅뱅처럼 폭발하니까요. 행운을 부르는 원리와 기술은 당신에게 익숙함과 낯섦의 감정을 동시에 느끼게 할 수도 있습니다. 당신의 운이 변한다는 것은, 바로 익숙한 것들과의 결별인 동시에 낯선 것들과의 만남이니까요. 이 책을 읽는 당신은 이미 운이 좋아지기 시작했습니다.

변화는 행운의 시작입니다. 당신을 행운의 세계로 초대합니다.

계사년의 새로운 시작
이정일

목차

들어가면서_4

1장 · 運 | 운은 변하고 움직인다

● 변화는 행운의 시작이다_13 ● 행운을 준비하는 습관_17 ● 행운은 선악을 가리지 않는다_21 ● 인생은 운구기일이다_25 ● 항심이 있는 곳에 행운이 있다_31 ● 매일 행운일기를 써라_35 ● 행운을 부르는 중용의 도_39 ● 우리가 불운을 되풀이하는 이유_43 ● 낙관주의자와 현실주의자의 차이_47 ● 고정관념의 울타리를 벗어나라_51 ● 100% 정확한 역학은 없다_56 ● 상대에게서 '나'를 보는 인연법_60

2장 · 人 | 운은 사람과의 인연이다

● 열매가 없는 꽃은 심지 마라_67 ● 세상에 공짜 점심은 없다_71 ● 운은 사람과의 인연이다_76 ● 있는 그대로 나를 사랑하라_80 ● 궁합이 좋은 사람을 만나는 법_84 ● 악연을 현명하게 다스리기_88 ● 사람의 장점과 단점은 동전의 양면이다_93 ● 내 운은 내가 만드는 운명의 원리_97 ● 선연으로 시작했다가 악연으로 끝나는 이유_101 ● 기대가 크면 상처도 깊다_105 ● 인복이 좋은 사람은 따로 있다_109 ● 세상에 완벽한 사람은 없다_113 ● 부모복은 만복의 근원이다_117 ● 가족은 운을 나누는 공동체_121

3장 · 心 | 마음공부가 운명을 바꾼다

● 무의식에 뿌리는 행운의 씨앗_127 ● 마음공부는 운명을 바꾸는 첫걸음이다_131 ● 몸과 마음의 병을 치유하기_135 ● 혼자 있는 시간에 행운을 만난다_139 ● 좋은 관상은 좋은 심상을 따르지 못한다_143 ● 세상이 학교입니다_147 ● 보이지 않는 것이 보이는 것을 지배한다_152 ● 무의식, 행운을 움직이는 힘_156 ● 지금, 내 마음이 편안한가?_160 ● 과거의 나를 용서하고 지금의 나에게 감사하라_164 ● 보이지 않는 손이 운명을 지배한다_168 ● 행운을 가로막는 치명적인 3가지 감정_172

4장·時 | 기다리면 우리에게 오는 것들

● 기다리면 우리에게 오는 것들_177 ● 이것 또한 지나가리라_181 ● 큰 꿈일수록 기다림의 시간이 길다_186 ● 세상일에 늦은 때라는 것은 없다_190 ● 운명은 변하고 움직이는 것이다_194 ● 아무리 좋은 소운도 대운을 이기지 못한다_198 ● 행운은 기다림과 타이밍의 미학이다_202 ● 콩 심은 데 콩 나고 팥 심은 데 팥 난다_206 ● 삶의 자유가 행운을 부른다_210 ● 해원을 한 다음, 상생을 한다_214 ● 나답게 산 삶은 중년이후가 아름답다_218

5장·財 | 재운은 흐르는 물이다

● 낙관과 자기 절제는 백만장자의 공통점_225 ● 운이 바뀌는 시기에 귀인을 만난다_229 ● 재운은 마음의 그릇에 담긴 물과 같다_233 ● 사람의 개성도 제각각, 재운의 성격도 천차만별_237 ● 사람마다 재운은 다르게 온다_241 ● 내 분수만큼 베풀면 삶이 즐겁다_245 ● 실낱같은 희망이 큰 행운을 부른다_249 ● 재운은 물의 흐름과 같다_253 ● 색깔의 파동에 너지가 행운을 결정한다·257

6장·信 | 자신감은 운명의 심장이다

● 운을 키우는 믿음의 힘_263 ● 자신감은 운명의 심장이다_267 ● 간절히 원하는대로 이루어지지 않는 이유_271 ● 공자의 의리, 깡패의 의리_276 ● 모든 변화는 나에게 유익한 것이다_280 ● 승패는 전쟁에서 늘 있는 일이다_284 ● 행운의 원리는 상극이 아니고 상생이다_288 ● 기적을 만든 떨어지지 않는 사과_292

7장·行 | 왜 나는 운 컨설팅을 하는가

● 왜 나는 운 컨설팅을 하는가?_299 ● 삶의 스승이기보다 삶의 제자가 되라_303 ● 그럼에도, 나는 행복할 자격이 있다_307 ● 말은 습관이고 습관은 운명이다_311 ● 현실을 인정하고, 자신을 긍정하라_316 ● 좋아하는 일과 잘할 수 있는 일의 차이_320 ● 지금 하지 않으면 영원히 못한다_324 ● 겸손과 교만이 운명을 가른다_327 ● 일도 사람과 궁합이 맞아야 한다_330

1장

運

운은
변하고
움직인다

변화는
행운의 시작이다

만물은 바뀌고 별도 이동한다 —등왕각

◆

物換星移

물환성이

"어떤 영광도, 어떤 절망도, 30년 이상 갈 수는 없다."

10대 시절 명리학을 배울 때 스승님이 주신 가르침입니다.
 일반인의 경우 보통 전성기는 10년입니다. 강산이 한 번 변할 만큼의 시간이지요. 대부분의 사람들은 보통 8~12년을 주기로 운이 바뀝니다. 이를 '대운'이라 합니다. 대운 중에서도 가장 운이 좋은 10년을 전성기라 하지요. 그러나 더러 인격적으로 좋은 구조가 형성되어 그 이상을 가는 경우도 있습니다.
 하지만 그렇게 이어져도 한 사람에게 좋은 운은 30년을 넘길 수 없답니다. 그 반대로 좋지 않은 시기(운)도 마찬가지로 적용됩니다.
 이런 동양 운명학의 가르침은 서양 운명학에서도 똑같이 발견됩니다. 토성의 공전주기가 30년 남짓이라는 사실을 아시는지요? 그래서 운의 주기가 이른바 '토성 리턴'과 맞물리게 된다는 것도 우연이 아니랍니다.
 '소운'의 주기는 약 1년 2개월에서 2년인데 대운의 주기 안에서 변화하지요. 이른바 소운이 아무리 좋아도 대운의 영향 아래에 놓여 있다는 게 운의 원리랍니다. 예를 들면 '영등포구 여의도동'이라는 주소에서 '구'는 대운, '동'은 소운에 해당하는 셈입니다.
 '영원한 것은 없다'라는 자연의 섭리가 운명학에도 그대로 적용이 됩니다. 생명이 있는 모든 것들은 변하고 또 소멸하니까요.
 자, 이렇게 운은 끊임없이 변화합니다. 당신은 이런 운을 어떻게 활용해야 행복한 삶을 살 수 있을까요? 우선 기본적인 세 가지 전략을 생각하고 실천해야 합니다.

 첫째, 변화를 받아들여라.
 버락 오바마가 담대하게 'CHANGE'를 외치며 흑인 최초로 미국 대통령이 되었고, 이제 재선에 성공했습니다. 당신도 자신의 변화를 주도할 수 있는 용기를 가져야 합니다. 물론 지금의 삶 역시 많은 시간과 노력이 쌓인 결과물이겠지요. 숱한 점들이 만나 선을 이루니까요. 이처럼 우리의 삶도 작은 변화가 끊임없이 이어진 궤적을 이루고 있습니다.

저항하고 부정한다고 해서 변하지 않는 것은 없습니다. 변화의 흐름을 거스르는 저항은 삶을 더욱 힘들게 할 뿐입니다. 바람이 남쪽으로 불 때는 남쪽으로 날갯짓을 해야 합니다. 북쪽을 향하면 맞바람을 맞게 되지요. 변화를 두려워할 게 아니라 변하지 않음을 두려워해야 합니다.

둘째, 변화는 행운이다.

변화는 반드시 나에게 도움이 된다는 신념을 가져야 합니다. 인생만사 새옹지마란 말이 있지요. 겉으로는 당신을 불행하게 만든 변화라도 실제로는 행운으로 작용하는 경우가 다반사입니다.

한때 아버지 회사의 부도로 힘든 상황이었지만 오히려 마음공부에 집중했던 적이 있습니다. 우선 불행의 늪에서 허우적거리지 않겠다는 생각이 강했지요. 저는 이런 마음으로 힘든 상황을 극복하면서 뚜벅뚜벅 운명학의 세계로 걸어갔습니다. 모든 변화는 행운의 시작이랍니다.

셋째, 변화에 감사하라.

세상의 변화를 빨리 읽는 사람이 있고, 세상의 흐름에는 무심하게 자신의 삶을 살아가는 사람이 있습니다. 세상도 변하고, 당신도 변하지요. 한 생명의 소멸이 새 생명의 탄생으로 이어지듯 변화는 당신의 성장과 행운을 약속합니다. 얼마나 감사한 일인가요. 우주의 에너지가 당신에게 '변화'라는 기회를 주고 있으니까요.

행운의 기회를 붙잡기 위해 당신은 내면의 잠재력을 일깨워야 합니다. 그래서 내면의 건너편에 있는 더 큰 나를 만나는 것이지요. 이것은 당신에게 새로운 행운의 기회가 주어진다는 의미랍니다. 진정한 나를 만나고, 변화하고, 사랑하는 것이야말로 행운을 얻는 첫걸음입니다.

◆ 행운의 법칙 ◆
진정한 나를 만나고, 변화하고, 사랑하라.

행운을
준비하는 습관

자기의 일을 잘하려면 먼저 자신의 연장을 잘 닦아야 한다 — 논어

•

工欲善其事必先利其器

공욕선기사필선리기기

맛있는 요리를 만들려면 먼저 신선한 재료와 적절한 조리 도구를 준비해야 합니다. 마찬가지로, 행운을 만나고 삶의 행복을 누리려면 몇 가지 준비가 필요하답니다.

행운을 맞이하기 위해서는 준비하는 과정부터 즐겁고 행복해야 합니다. 행운을 준비하는 습관만 제대로 몸과 마음에 익힌다면 행운의 여신은 반드시 당신에게 미소를 지을 것입니다.

자, 그렇다면 행운을 준비하는 습관이란 어떤 것들일까요? 여기 당신을 위한 몇 가지 제안이 있습니다.

첫째, 당연하다고 여겨지는 것들에 감사하는 마음을 가져야 합니다.

예를 들어보지요. 어떤 물건이 고장 나서 돈을 내고 수리를 한 경험이 있을 것입니다. "괜히 고장 나서 돈만 들었잖아"와 같은 불평을 늘어놓는다면 운의 에너지는 마이너스 방향으로 흐르게 됩니다. 대신에 "다시 이전처럼 잘 작동하는구나. 다행이다. 잘 고쳐주셔서 고맙습니다"라는 인사를 건네면 운의 에너지는 플러스 방향으로 움직이게 됩니다.

실제로 우리의 일상생활은 무언가를 서로 주고받는 관계의 연속입니다. 누구에게 뭔가를 주었으니까 돌려받는 게 당연하다구요? 세상살이에 그렇지 않은 일이 얼마나 많던가요. 합당한 대가를 지불했다 해도 그에 걸맞는 보답이 있다면 이는 분명 감사해야 할 일입니다. 우리가 그냥 지나치거나 당연하다고 여기는 것들에 행운을 만드는 힌트들이 숨어 있으니까요.

당장 오늘부터, 가게에서 값을 치르고 나오면서 진심을 담아 "감사합니다!"라고 말하는 연습을 해보기 바랍니다. "많이 파세요"와 같은 덕담도 좋습니다. 운은 일단 방향이 정해지면 일정 기간 동안은 그 방향으로 지속해서 움직이려는 성질을 가지고 있습니다. 따라서 노력한 만큼 대가가 돌아올 때 감사하는 마음을 가져야 합니다. 그런 노력들이 결국은 더 큰 행운이 들어올 수 있도록 길을 내는 것이지요. 행운이 행운을 부르는 것이랍니다.

둘째, 마음에 들지 않는다면 무시해야 합니다.

당신의 하루가 좋은 일로만 가득할 수는 없습니다. 불쾌하고 짜증 나는 일들이 불쑥불쑥 끼어들 수도 있습니다. 회사 업무상 만나는 거래처 담당자와의 마찰, 상사의 부당한 업무 지시, 금전적인 손실, 가족 간의 불화 등등 당신을 괴롭히는 일들은 도처에 널려 있게 마련이지요.

이럴 때 어떻게 대처하느냐구요? 당신의 감정과 마음을 상하게 하는 사건이나 일 속으로 빠져들지 않도록 하세요. 설혹 상대의 분노가 당신을 향할 때도 피하거나 무시해야 합니다. 같이 반응할수록 행운을 불러오는 에너지만 소진할 뿐입니다. 행운은, 편안한 마음 곁으로 다가간다는 사실을 명심하세요.

셋째, 지혜로운 친구나 가족을 잘 섬겨야 합니다.

일반적으로 운이 좋은 사람 주위에는 귀인들이 다수 포진해 있는 경우가 많습니다. 인생의 갈림길에서 그릇된 길보다는 올바른 길로 이끄는 인생의 스승들이지요. 인생의 반은 혼자 살고, 반은 함께 산다는 말이 있지요. 귀인, 즉 운 좋은 사람과 함께 길을 가야 행운을 만나는 기회를 누릴 수 있습니다.

돈으로 살 수 없는 귀한 인연은 소중하게 다루고 가꾸어야 합니다. 특히 당신도 그들에게 무언가를 줄 수 있는 귀인이 되겠다는 마음가짐이 중요합니다. 그럴 때 당신의 그릇이 커지고, 또 혼자 해결하기 힘든 일들도 술술 풀리는 행운을 경험할 수 있습니다.

감사하기, 무시하기, 주변 섬기기 등 이런 세 가지 습관은 "사는 게 다 그렇지 뭐!"라며 한숨짓는 힘든 인생의 탈출구가 되어줄 것입니다. 그리고 당신의 부러움을 사던 사람들이 살아가는 인생의 트랙으로 당신이 옮겨갈 수 있게 할 것입니다.

♦ 행운의 법칙 ♦
행운에 감사하고, 분노를 무시하고, 주변을 섬겨라.

행운은
선악을 가리지 않는다

인간의 천성은 선하다고 할 것도 없고, 선하지 않다고 할 것도 없다 — 맹자

•

性無善無不善也
성무선무불선야

"왜 그렇게 나쁜 사람이 벌도 받지 않고 오히려 떵떵거리며 더 잘살까요? 세상 불공평하지 않나요?"

제가 흔히 받는 질문 중의 하나입니다.

현재 중견 기업의 회장인 A씨. 그를 보자면 세상은 공평하지 않아 보입니다. 그가 망하기를 기도하는 주위 사람도 많습니다. 그는 30대 초반부터 건설업체를 운영했습니다. 거래처를 비롯해 직원, 친구, 선후배에 이르기까지 그에게 이용당하거나 손해를 보지 않은 사람이 없을 정도입니다.

그의 가치관은 철저한 자기중심주의입니다. 나를 비롯해 내 가족만 잘 먹고 잘살면 된다는 사고방식이지요. 남들로부터 저주와 손가락질을 받고 있지만 회사는 여전히 성장하고 있고, 사회적 지위도 높아만 갑니다. 출신 대학교의 총동문회장과 관련협회 간부직에 올라 명예도 차곡차곡 쌓아가고 있습니다.

"언젠가는 큰 벌을 받고 말 거야."

망해야 마땅한 이런 악한 사람에게 왜 행운이 이어지는 것일까요? 정답은 이른바 '양심'이 없기 때문입니다. 이런 사람들의 공통점은 자신의 이익과 목적을 위해 다른 사람을 이용하지만 일말의 죄책감도 없습니다. 양심이 없으니까 가책도 없지요.

이들은 본인 스스로에게 무죄를 선고합니다. 물론 이들이 사회적인 범죄자는 아닙니다. 사회적인 범죄에는 형벌이 따르니까요. 이들은 자신이 어떤 결정을 하든지 스스로 행운을 누릴 자격이 충분하다고 믿지요. 철저하게 자신과 가족(이런 사람들의 경우 이상하리만치 핏줄을 중요시합니다)의 행복만 생각한답니다. 사회적인 범죄를 저지르는 사람들과의 차이점입니다. 범죄를 저지르는 사람들은 자신의 행복조차 외면해버리거든요.

하늘이 무심한 것일까요? 어릴 때부터 권선징악의 가치관을 교육받은 일반인들은 이해하기 힘든 일입니다. 남에게 나쁜 짓을 하면 그에 상응하는 벌을 받아야 마땅하다고 배워왔기 때문이죠.

그런데 운의 세계는 그렇지 않습니다. 착한 일을 한다고 해서 반드시 행운을 불러오는 것이 아니랍니다. 또 나쁜 짓을 한다고 해서 불운만 줄을 잇는 것도 아니지요. 그래서 범죄자가 횡재수를 맞기도 하고, 또 조직폭력배의 자녀가 해외 명문대를 졸업하고 훌륭하게 성장하기도 합니다.

왜 이런 이율배반적인 일이 일어날까요? 운의 움직임에는 그 사람을 지배하는 마음, 즉 심상이 가장 중요하게 작용됩니다. 우리의 뇌가 그렇게 명령하기 때문입니다. 우리 뇌가 옳고 그름의 잣대로 운을 좌우하지는 않는다는 뜻이지요. 사람의 뇌는 만족하고, 기뻐하고, 행복해하는 만큼 좋은 운의 에너지를 상승시키지요. 의식의 세계든 무의식의 세계든 당신이 생각한 대로 당신의 삶과 운을 유도한다는 것입니다.

너무 착한 사람은 사소한 일에도 죄책감과 피해의식을 가지기 때문에 뇌가 좋은 기운을 상승시키질 못합니다. 착한 사람이 스스로 좋은 운을 끌어들이기 힘든 이유도 여기에 있습니다.

자신의 운명을 자신이 만든다는 말이 있지요. 당신이 마음의 상처가 깊다면 뇌는 몇 배로 더 슬픈 감정을 증폭시켜 아무것도 할 수 없는 지경으로 몰고 간답니다.

스스로 행운이나 행복을 누릴 자격이 없다고 생각하는 사람에게 행운이 갈까요? 본인 스스로가 유죄라고 주장한다면 운명 역시 계속 형벌을 내리는 쪽으로 흘러갈 수밖에 없습니다.

"아니요. 그것 때문에 어떤 문제가 발생하지는 않을 겁니다. 앞으로도 나쁜 일로 돌아오지는 않아요. 이제 스스로를 그만 벌하고 놓아주어야 합니다."

제가 유달리 '착한' 고객들을 대할 때 조언하는 말입니다.
나쁜 사람은 꼭 벌을 받는다는 차원의 이야기는 사람이 언제까지나 양심의 목소리를 묵살하는 것이 불가능하기 때문입니다. 실제로 젊었을 때 거칠 것이 없었던 사람도 과거의 인연으로 인해 나쁜 일이 생기면 후회에 빠지는 경우가 많습니다. 이것이 운을 쇠락하게 한다는 의미랍니다. 나쁜 사람이 말년에 나락으로 떨어지는 원인이 되기도 하지요.

◆ 행운의 법칙 ◆
나쁜 사람에게도 행운은 찾아온다.

인생은
운구기일이다

식초를 구하던 중에 술을 얻는다—사자성어

•

求獎得酒
구장득주

"저 사람은 타고난 행운아야. 손대는 일마다 대박이야."
"그 정도면 액땜했다고 생각하자구. 반드시 좋은 일이 있을 거야."
"아무리 능력이 뛰어난 사람도 운 좋은 사람은 못 이긴다니까."

우리가 일상생활에서 흔히 주고받는 말입니다. 그렇다면 사람들이 일상적으로 사용하면서도 막연하게 생각하는 운은 무엇을 뜻하는 것일까요?

동양의 명리학은 사주에 근거하여 사람의 길흉화복을 알아보는 학문입니다. 사주는 사람을 하나의 집으로 비유하고, 연월일시를 그

집을 받치는 네 개의 기둥, 즉 네 간지라 합니다. 각각의 간지가 두 글자로 되어 있어 모두 여덟 글자를 이루기 때문에 '팔자'라고 하기도 하지요. 그래서 사람의 운명을 사주팔자라고 부르기도 한답니다.

명리학은 사람이 태어난 연월일시의 간지 여덟 글자에 나타난 음양과 오행의 배합을 보고, 그 사람의 부귀와 빈천, 길흉, 화복을 판단하는 것이지요. 사주팔자로 알 수 있는 것은 성격이나 적성 등 인성 분야, 부모·형제·부부·자식 등 대인 분야, 관운·재운·학운·건강 등 운수 분야로 나누어집니다.

명리학에서의 사주팔자는 무엇보다도 균형과 조화를 중시합니다. 음양이나 오행이 치우침이 없이 고루 배합되어 있으면 길하고, 편중되어 있으면 그것을 균형과 조화를 이루도록 조정해주어야 합니다. 연월일시를 변화시킬 수는 없지만, 타고난 성향을 살펴 과한 부분은 지나치지 않도록 하고, 부족한 부분은 보충해주는 것이지요. 그래야 행운을 불러들일 수 있다는 게 사주명리학의 이치입니다.

동양의 명리학과 서양의 점성술은 우주의 천문학적 현상과 인간의 세상사가 서로 긴밀한 관계에 있다고 봅니다. 동양에서는 우주 만물의 법칙인 음양과 오행이, 서양에서는 일곱 개 행성의 기운과 움직임이 동시성의 원리에 따라 인간사와 함께 움직인다는 원리가 놀랍게도 똑같습니다.

명리학은 우주만물을 움직이는 힘의 실체와 규칙이 있고, 인간이라는 존재와 삶도 하나의 소우주로서 그 축소판과 같다고 말합니다.

스위스가 낳은 세계적인 심리학자인 칼 융은 이런 말을 했습니다.

"인간의 생애는 무의식의 자기실현의 역사이다. 무의식에 있는 모든 것은 삶의 사건이 되고 밖의 현상으로 나타난다."

칼 융은 "무의식이 정하는 삶의 방향이 운명이다"라는 표현으로 우리 안에 운명이 있음을 강조합니다. 즉, 우리가 외부의 불가피한 영향으로 정의하는 운명조차 인간이 갖고 있는 무의식적인 사고패턴을 의미한다고 해석할 수 있겠지요.

우리가 행운을 불러온다는 것도 무의식의 힘을 긍정적으로 이용한다는 뜻입니다. 무의식의 힘을 우주의 에너지로 해석해도 무방합니다. 우주의 에너지에 상응하는 힘이기 때문입니다. 우리의 무의식은 우리가 꿈꾸는 모든 것들이 이루어지게 할 수 있을 만큼 강력합니다.

무의식과 우주의 에너지를 깨워 행운을 불러들이는 방법은 기존의 성공 방식과는 확연한 차이가 있습니다. 싸워서 이기고, 노력해서 쟁취하고, 처절하게 살아남는 것이 '성공방정식'이라는 기존의 고정관념과는 전혀 차원을 달리하지요.

행운의 과학은 성공해서 행복하기보다는 행복해서 성공하기를 가르칩니다. 성공을 목표로 열심히 일하는 사람보다는, 자기가 좋아하는 일을 꾸준히 하는 사람이 사회적으로 성공할 확률이 훨씬 높으니까요.

때문에 행운을 불러들이기 위해서는 자신의 마음이 좋아하는가, 편안한가, 행복한가를 기준으로 삼는 게 제일 중요합니다.

행운을 국어사전에서 찾아보면 '좋은 운수, 또는 행복한 운수'라고 설명하고 있습니다. 여기에서는 '자기가 원하는 기대 이상의 결과를 얻는 것, 또는 자신의 노력보다 몇 배의 소득을 얻는 것'으로 일단 행운을 정의하기로 합니다.

운의 영역과 개인의 기량의 관계를 말할 때 흔히 쓰는 표현이 '운칠기삼'입니다. 어떤 일에 대한 성공 여부는 운이 70%, 개인의 능력이 30% 정도 작용한다는 뜻이지요. 어느 유명한 재벌가 오너는 '운구기일'이라고 말하기도 했습니다.

운에 대해 어떤 표현을 사용하는가는 크게 중요하지 않습니다. 사람마다 처한 상황이나 가치관이 다르니까요. 제가 이 표현을 인용한 이유는 우리의 사소한 삶과 일에도 온 우주가 상관한다는 이야기를 하고 싶어서입니다.

앞으로 당신의 삶과 일에서 목표를 세우고 추진할 때 명심해야 할 게 있습니다. 목표는 명확하되 과정에서는 유연성을 유지하는 게 중요합니다.

일을 해나가다 보면 반드시 당신의 예상을 빗나가는 사건이 생기게 되어 있습니다. 중요한 것은 예상과 다르게 전개되는 일이 나중에 원래의 목표와는 비교할 수 없을 만큼의 행운을 안겨줄 수도 있다는 사실입니다.

이처럼 운은 자신이 통제할 수 없는 무의식의 에너지이지만, 통제할 수 없다고 무연하지는 않습니다. 이 세상에 태어난 이상, 인간은 내면의 무의식과 우주만물의 법칙에 영향을 받으며 살아갈 수밖에 없는 운명입니다.

다만 우주의 에너지를 불러오는 것은 '나 자신' 안에 있음을 명심하세요. 그리고 에너지의 방향이 플러스일지 마이너스일지를 결정하는 것 역시도 나 자신임을 깨달아야 합니다.

"에이, 이건 안 될 것 같다. 운이 따라주질 않아."
"할 만큼 했는데, 역시 나는 안 되는 운인가?"

일이 잘 풀리지 않을 때 이런 좌절감이나 초조감에 미리 빠져버리면 에너지의 방향은 마이너스로 바뀌게 됩니다. 겉으로 위기처럼 보이는 일도 보이지 않는 곳에서 플러스 에너지가 작용하고 있는 경우는 참으로 많습니다.

당신의 작은 변화가 무의식을 변화시키고, 또 우주를 움직일 수 있습니다. 운의 방향을 플러스로 바꾸고 행운을 불러들이는 데 많은 시간이 필요하지는 않습니다.

뇌신경학자가 밝힌 바에 따르면 우리 뇌의 신경학적인 패턴을 바꾸는 데 90일이 걸린다고 하네요. 우리가 행운을 받아들일 준비를 하는 시간도 빠르면 2주, 늦어도 100일이면 충분합니다.

　이제 당신이 행운을 맞이할 시간입니다. 온 우주가 당신의 변화를 응원하고 있습니다.

◆ 행운의 법칙 ◆
당신의 작은 변화가 무의식을 바꾸고, 온 우주를 움직인다.

항심이 있는 곳에
행운이 있다

평상시에 몸가짐을 공손히 한다―논어

◆

居處恭
거처공

"선생님 덕분에 이런 액수의 돈을 만지게 되었습니다. 진심으로 감사드립니다."

두 손을 모으고 허리를 90도로 꺾으며 인사하는 P씨 앞에서 조금 당황했습니다. 처음 만났을 때의 모습과 많이 달라진 태도에 놀라서였습니다.

오랜 기간 동안 고객들을 컨설팅하면서 운이 좋아지는 시기에는 같은 사람이라 할지라도 그 태도가 달라짐을 느낍니다. 먼저 공통적으로 예의가 바르고 공손해집니다. 자신을 낮추고 겸양하는 지혜가 생겼다는 것이지요. 《서경》에 나오는 '가득 찬 것은 줄어들고, 겸손한 것은 이익을 본다'는 말이 절로 떠오릅니다.

분명한 사실은 이런 겸양의 지혜가 인복을 부르고 일이 성사되게 한다는 것입니다. 또 일이 성사된 후에도 그것을 계속해서 유지해 나가는 힘이 됩니다. 함부로 그것을 자랑하거나, 스스로 우쭐해지지 않기 때문입니다.

'내게는 노력한 것 이상의 행운이 따른다. 그렇기에 더욱 세상에 감사한다'는 표현과 다짐은 내 마음을 움직일 뿐 아니라 다른 사람의 마음도 움직이는 힘이 있지요. 아울러 이런 태도에서는 품격이 느껴지기 때문에 그 사람의 그릇을 더욱 크게 만드는 효과까지 있습니다.

물론 운이 따라주지 않는 시기에도 공손한 태도나 신중한 몸가짐은 불운을 물리치는 데 도움을 주는 경우가 많습니다. 어려운 때일수록 자신의 품위를 지키고, 상대에게 예의를 갖추는 태도야말로 행운을 준비하는 것이지요.

"아무리 힘든 상황이라도 나는 내 자신의 품위를 지키겠다. 나는 언제나 행운이 함께하는 사람이다. 이만한 일은 충분히 이겨낼 수 있는 그릇이다. 이 정도의 시련에는 절대 무릎을 꿇지 않겠다. 언젠가는 다시 일어날 것이기에."

자신을 사랑하는 사람은 시련 앞에 고개를 숙이지 않습니다. 또한 자신에게 주어진 성공과 영광의 맨 앞줄에 서서 거만을 떨지도 않습니다. 변함없는 항심만이 스스로를 지키고 또 행운을 불러오는 강력한 힘이라는 것을 알기 때문입니다.

저는 일곱 살 때부터 운명학 공부를 시작하였습니다. 고등학생이 되었을 때, 이미 신통력이 뛰어나다는 소문이 주위에 자자했지요. 세상 무서울 게 없는 철부지 시절이었습니다. 벼는 익을수록 고개를 숙인다는 말조차 "난 아직 그 정도로 익지 않았으니까 고개를 숙일 일이 없지"라며 코웃음을 칠 정도였으니까요.

그러나 운명학 공부를 계속하면서 '미래를 예측한다'는 것은 운명학의 기본일 뿐이라는 사실을 깨달았습니다. 운명학의 본질은 사람의 내면에 잠들어 있는 행운을 깨워 잠재력을 최대한 발휘하는 인생을 살 수 있도록 돕는 것이지요.

생각이 여기에 미치자 저는 깊은 반성에 빠졌습니다. 제 마음공부의 목표도 보다 명확해졌습니다. 그러자 자연스레 겸손해질 수밖에 없게 되더군요.

"겸손한 자만이 다스릴 것이요, 노력하는 자만이 가질 것이다"라고 미국의 에머슨이 말했던가요. 다른 사람과 더불어 살면서 그들로부터 행운을 얻으려면 먼저 자신을 낮추는 겸손이 필요함을 의미합니다.

많은 사람들이 이해관계가 걸려 있거나 중요한 인사를 만날 때는 자연스럽게 행동거지에 신경을 쓰게 됩니다. 그러나 중요한 것은 평상시에도 겸손함과 공손함을 잃지 않는 태도입니다.

겸손과 거만은 종이 한 장의 차이인데, 열쇠는 마음가짐입니다. 항심이 있으면 겸손하고, 항심이 없으면 비굴하거나 거만해지지요.

흔들리는 그릇에는 물을 담을 수가 없습니다. 항심이 있는 곳에 행운이 있습니다.

◆ 행운의 법칙 ◆
흔들리는 그릇에는 물을 담을 수가 없다.

매일
행운일기를 써라

한 방울의 물이 모여 연못을 이룬다—순자

•

積水成淵

적수성연

오프라 윈프리가 꼽는 자신의 성공 비결은 무엇일까요? 그녀는 '감사일기'를 최고의 비결이라 말합니다. 오프라는 매일 자기 전에 그날의 감사했던 일들을 일기에 썼다고 합니다. 그것을 쓰면서 인생의 초점을 어디에 맞추어야 할지를 깨닫게 되었다고 하네요.

꾸준한 운동을 통해 강한 근육을 키워가듯, 매일 좋은 습관의 실천을 통해 큰 행운을 부를 수 있다는 것은 재미있고도 놀라운 사실입니다. 일기를 쓰는 것은 돈이 드는 일이 아닙니다. 어린 시절의 일기 숙제처럼 하루 일과를 전부 기록할 필요도 없습니다.

당신에게 행운일기(Lucky Diary)를 써볼 것을 제안합니다. 운 컨설턴트로서 자신 있게 말하건대, 행운일기를 쓰는 작은 실천이 당신의 인생을 통째로 바꿀 수 있다고 확신합니다.

행운일기를 채워가는 만큼 분명 당신의 미래도 행운으로 가득 채워질 것입니다.

행운일기를 쓰는 방법은 매우 쉽고 간단합니다.

행운일기를 쓰는 시간대는 자기 전, 또는 저녁 식사 후가 바람직합니다. 우선 하루를 돌이켜 보면서 '행운이라고 느껴졌던 일'을 찾아내는 게 중요합니다. 아무리 작은 일이라 해도 그냥 지나치지 마세요. 작은 행운이 큰 행운을 불러오는 기회이고 시작이니까요.

그 일이 일어난 시간과 어떤 행운을 얻었는지를 함께 기록해보세요. '남이 읽으면 내가 어떻게 보일까?'라는 생각은 거두시기 바랍니다. 그보다는 자신의 느낌이 훨씬 더 중요하니까요. 행운일기를 통해 당신은 매일 스스로 운이 좋은 사람이라는 증거를 찾아내게 될 겁니다. 이런 증거가 하나씩 쌓이게 된다면 결국 '나는 행운이 따르는 사람이다'라는 굳은 신념이 형성됩니다.

그렇다면 행운을 불러오는 행운일기는 어떻게 쓰는 게 좋을까요?

2013년 1월 1일 오후 2시.

서점에 들러 책을 읽다가 우연히 행운일기에 대한 것을 배웠다. 계산을 하는데 직원이 매우 친절하게 대해줘 기분이 좋아졌다. 게다가 밖으로 나오니까 눈이 펑펑 내리고 있었다. 새해 첫날 내린 눈이 올 한 해의 행운을 예고한다. 나는 얼마나 운이 좋은 사람인가? 〈학습운〉〈대인관계 운〉〈일상운〉

2013년 3월 5일 오후 3시.
구청에 갔는데 거의 기다리지 않고 일을 처리할 수 있었다. 역시 난 운이 좋구나! 〈일 운〉

2013년 5월 21일 오후 12시 30분.
신랑하고 밖에서 점심을 먹었다. 새로 생긴 식당을 우연히 발견하고 들어갔는데 맛이 참 좋았다. 게다가 서비스도 좋았고, 식사를 끝내고 나올 땐 오픈 기념으로 머그컵도 받았다. 역시 나는 행운이 따르는 사람이다. 〈식복〉〈금전운〉

단 한 줄이라도 좋습니다. 행운일기를 쓴 다음, 일기의 마지막에 항상 '난 정말 운이 좋구나!'와 같은 말을 꼭 써야 합니다. '이렇게 운이 좋은 사람으로 만들어주셔서 감사합니다'와 같이 구체적인 마음을 표현하는 것도 좋겠지요.

물론 행운일기를 건성으로 쓰기만 해서는 효과가 없습니다. 자기에게 주어진 행운을 기쁜 마음으로 느껴야 합니다. 스스로 행운아임을 믿고 감사하게 행동해야 합니다.

행운일기를 매일 쓰기가 힘들다면 이삼일에 한 번씩이라도 쓰는 습관을 가지도록 하세요. 작은 기쁨을 차곡차곡 쌓아두는 습관은 시기에 관계없이 좋은 일을 불러들이는 기운이지요.

행운일기를 통해 당신이 즐겁게 맞이한 작은 행운들이 꼬리에 꼬리를 물고 이어져, 큰 행운을 부르는 선순환으로 이어지기를 바랍니다.

◆ 행운의 법칙 ◆
작은 행운이 모여 큰 행운을 만든다.

행운을 부르는 중용의 도

나쁜 일이 닥쳐오는 것은 자기 자신이 불러들인 것이다—춘추좌전

◆

惡之來也己則取之

악지래야기즉취지

"평소에 남자는 능력이라고 노래를 부르더니만 이렇게 빚까지 있는 사람한테 푹 빠질 줄 누가 알았겠어요?"

곱게 키운 딸이 집안에서 반대하고 있는 남자와 결혼하겠다고 고집을 피우니 D씨의 속상함은 이루 말로 다 표현할 수가 없었습니다. 딸의 결혼을 허락해야 하는지, 아니면 끝까지 말려야 하는지 정말 난감한 상황이었습니다.

D씨의 딸은 친구들이 결혼할 때도 오직 남자의 경제적인 능력만을 기준으로 '결혼 잘했다, 아니다'를 따졌던 터라 충격이 더했습니

다. 오히려 D씨가 그런 딸에게 '사람이 너무 그러면 안 된다'고 말릴 정도였으니까요. 그런데 막상 딸이 사랑에 빠진 상대는 재산은커녕 집안의 빚에다, 부모 형제를 돌봐야 하는 장남이었습니다.

이처럼 평소 극도로 싫어하거나 두려워하던 상황을 본인 스스로 선택하는 경우가 비일비재하지요. 또 알게 모르게 그런 상황 속으로 빠져 들어가기도 합니다.

예를 들면 직장 상사와의 불화 때문에 결국 이직을 했는데 새 직장에서 더한 강적을 만나는 경우도 많습니다. 즉 A가 싫어서 떠났는데 새로운 환경의 다른 사람에게서 다시 A의 모습을 만나게 되는 것이지요.

왜 이런 일이 다반사로 일어날까요? 이런 경우 늑대를 피하다가 범을 만났다고 표현하지요. 그러나 일반적으로는 자신의 마음속에서 늑대를 범으로 키운 경우가 대부분입니다.

모진 시집살이 때문에 자신은 결코 며느리한테 시집살이를 시키지 않겠다고 결심하는 시어머니들이 많습니다. 그러나 막상 며느리를 대하면 생각이 달라지지요. 자신이 겪은 것보다 더 모질게 시집살이를 시키게 되는 경우가 많습니다. 괴물을 혐오하고 경멸하면 할수록 스스로 괴물의 모습으로 변하게 됩니다.

인간에게는 누구나 싫고 맞지 않는 사람이 있기 마련입니다. 이런 악연으로 인해 직간접적으로 경험한 두려움과 혐오가 자신의 마음속에 심상으로 남게 되지요. 부정적인 심상이 비정상적으로 강해질 경우 오히려 그런 상황이나 인연을 끌어당기는 결과를 초래하게 됩니다. 가장 경멸하고 싫어하는 사람의 모습을 자신에게서 보게 되는 경우입니다.

"난 그런 사람이 너무 싫어! 행여 꿈에서라도 만날까 겁난다니까!"

잘못된 만남으로 인해 자기 마음속에 생겨난 부정적인 감정과 에너지를 극단적으로 몰고 가는 것은 바람직하지 않습니다. 이럴 경우 오히려 악연과 강한 인연을 만들고 점점 더 벗어나기 힘든 상황에 빠지게 됩니다. 즉 '가장 피하고 싶은 운명'을 스스로 만들어가고 있는 셈이랍니다.

어떻게 해야 이런 악순환을 피할 수 있을까요?

스스로 부정적이고 극단적인 감정이나 생각에 빠져들지 않아야 합니다. 운명학적으로 '순탄하고 고른 복을 가진 사람'의 사주를 보면 '조화와 균형'의 원리가 충실하게 구현된 경우가 대부분입니다.

동양에서의 좋은 사주란 음과 양이 서로 치우침 없이 조화를 이루고, 오행도 과부족 없이 골고루 갖추어져 있는 상태를 말합니다. 서양에서의 좋은 점성술 차트 또한 일곱 개의 행성이 서로 잘 통하도록 각도를 이루면서 배치되어 있는 것을 의미합니다.

이것은 우리 마음의 조화와 균형이 깨진다면 우리 삶에 큰 기복이 일어난다는 뜻으로 읽어야 합니다. 물론 부조화와 불균형이 반드시 불행으로 귀착되는 것은 아닙니다. 그러나 삶의 과정이 순탄치 않아 받게 되는 상처는 만만치가 않답니다.

　힘들고 두려운 상황에 빠졌다며 SOS를 구하는 사람들 가운데 절반 이상의 시련은 이처럼 극단적인 마음이 불러온 결과입니다. 그때 마음의 조화와 균형을 이루는 쪽으로 평상심을 유지하기 위해 애쓴다면 오히려 이전보다 한 단계 더 성장한 자신을 만날 수 있습니다. 물론 흔적이 남아 비슷한 상황이 다시 돌아오는 시기가 있을 수 있습니다. 그러나 그때는 다시 나쁜 상황에 빠지지 않는 방향으로 운명이 바뀌는 결과를 만들어내지요.

　당신이 지나치게 싫거나 두려운 것이 있다면 그것이 무엇인지 알아야 합니다. 그리고 그 이유도 알아봐야겠지요. 마음속에 있는 극단적인 감정과 생각을 찾아내고 치유하는 것이 행운을 불러오는 첫걸음입니다.

　사람에게는 누구나 나쁜 기운을 중화시키는 힘이 있음을 믿어야 합니다. 이것이 바로 운명학의 기본이고, 중용의 원리입니다.

> ◆ 행운의 법칙 ◆
> 극단적인 감정과 생각을 찾아내고 치유하라.

우리가 불운을 되풀이하는 이유

하나의 경험이 한 가지의 지혜를 만든다 —명심보감

◆

不經一事不長一智
불경일사부장일지

"그때 회사를 옮겼어야 하는데 타이밍을 놓치고 말았어요."

"조금 더 그 사람 입장에 서서 이해하려는 노력을 했더라면 이렇게 나빠지진 않았을 텐데……."

삶에서 후회가 없는 사람은 거의 없다고 봐야지요. 언제나 최선의 선택을 한다고 하지만 항상 좋은 결과로 귀결되지는 않거든요.

그래서 시계추를 그 시절 그 상황으로 한번 되돌려보는 겁니다. 그때 다른 선택을 했더라면 지금 어떻게 되었을까? 한 치 앞도 내다보지 못하는 인간이지만 과거의 시간은 수십 년 정도는 쉽게 되돌려버릴 수 있답니다.

그렇다면 그때 그 시절로 한번 돌아가 볼까요? 자, 다시 똑같은 상황이 주어졌습니다. 그때와는 다른 선택이나 결정을 하게 될까요? 컨설팅을 하면서 제가 자주 던지게 되는 질문이 있습니다.

"1999년에 있었던 일을 기억하시는지요?"
"10년 전에 겪었던 일을 떠올려 보세요. 어떻게 느끼셨나요?"

과거의 기억들을 되살려보면 재미있는 공통점을 발견할 수 있었습니다. 많은 고객들이 과거에 경험했던 고통과 어려움이 얼마나 끔찍했는지는 잘 기억하고 있었습니다. 그런데 그 사건으로 어떤 교훈을 얻었는지에 대해서는 아무런 대답도 하지 못하는 경우가 대부분이었습니다.

이 같은 결과는 무엇을 의미할까요? 인간은 어떤 선택을 할 때 이성보다는 감정에 더 의존하는 경향이 강하다는 것입니다. 설사 그 사건에서 교훈을 얻었더라도 이성의 기억은 오래가질 않지요. 대신 뇌와 마음에 축적된 감정의 기억만 오래 남아 있습니다.

우리가 절절하게 후회한다고 해서 잘못된 선택지에 끌리는 경향성이 변하는 것은 아닙니다. 대부분의 사람들이 과거에 했던 실수를 똑같이 반복하는 이유도 여기에 있습니다. 그래서 똑같은 상황과 기회가 주어져도 비슷한 선택과 실수를 되풀이하게 되는 것이지요. 쉬운 예를 하나 들어볼까요? 똑같은 시험 문제지를 다시 풀어도 틀린 문제를 다시 틀리는 경우가 많습니다. 오답지를 만들었다고는 하지만 왜 틀렸는지 이유를 찾아내고 철저하게 공부하지 않은 결과입니다.

"그 일은 이러이러한 성향이 있기 때문에 일어난 것입니다. 내년 상반기에 같은 실수와 아픔을 되풀이하지 않으려면 실패의 교훈을 꼭 떠올려야 합니다. 그때는 기회를 놓쳤지만 이번에는 반드시 잡을 수 있고, 그렇게 해야 합니다."

고객에게 운에 대해 설명할 때 종종 덧붙이는 말이기도 합니다. "나는 이러한 것을 좋아한다"라는 고정관념에 사로잡혀 있으면 행운은 대문 앞에서도 발길을 돌려버리지요. 스스로 변화를 주저하지 말고 마음의 문을 활짝 열어야 합니다.

운이 좋은 사람들일수록 스스로의 역사를 돌아보며 자신의 성장과 삶의 교훈을 얻습니다. 과거를 돌아본다는 게 단순한 추억의 회상이 아닌, 자기 내면과의 진솔한 만남이고 대화라야 하는 이유이지요. 운은 나선형 계단처럼 단계를 밟으며 상승하고 진화합니다. 때문에 과거와 똑같은 상황은 아니라 할지라도 비슷한 상황에 직면하게 되는 일이 일정한 주기로 생기게 된답니다.

이때 항상 같은 결과를 반복하느냐 아니냐는 전적으로 자신에게 달려 있습니다. 이것이 우리가 살아가는 동안 후회는 적게, 반성은 많이 해야 하는 이유입니다. 과거에 뼈아픈 실패를 겪었던 사람일지라도 얼마든지 비슷한 상황에서 눈부신 성공을 경험할 수 있습니다.

이처럼 운이 좋은 사람들은 인생을 하나의 '배움의 장'으로 생각합니다. 학벌 등 객관적인 조건이 좋지 않음에도 불구하고 사회적으로 성공한 사람의 대부분은 스스로 학습 능력이 뛰어난 사람들입니다. 학교 밖에서 사람들과 부대끼면서 세상살이의 이치와 삶의 지혜를 몸으로 체득하는 것이지요. 이런 사람들은 자기학습과 자기반성을 통해 더욱 탄탄하게 행운이 흘러 들어올 수 있는 기반을 스스로 구축해나간답니다. 간혹 '자신의 그릇을 타고난 것보다 더욱 키울 수 있는 사주'를 가진 사람들을 만날 때가 있습니다. 이런 사주를 가진 사람의 공통점이 바로 자기반성을 통한 '학습 능력'이 뛰어나다는 점입니다. 자기반성은 실패를 하더라도 다시 일어서게 하는 힘이고, 행운을 끌어당기는 힘이기도 합니다.

자, 이제부터 당신도 자신의 역사와 실패의 경험으로부터 배워야 합니다. 그 속에 운을 다스리는 통찰력과 지혜가 담겨 있답니다.

◆ 행운의 법칙 ◆
살아가는 동안 후회는 적게, 반성은 많이 하라.

낙관주의자와
현실주의자의 차이

힘이 모자라면 중단하지만 스스로 한계에 묻혀 머무는 것은 나 자신이다 ─ 논어

◆

力不足者中道而廢今女劃

역부족자중도이폐금여획

주판알을 튕기는 현실주의자와 미래를 꿈꾸는 낙관주의자.

성향이 서로 다른 두 사람을 행운이라는 관점에서 평가하면 어떤 결론을 내릴 수 있을까요? 먼저 결론부터 말하자면, 큰 행운을 거머쥐는 쪽은 후자입니다.

왜 낙관주의자가 현실주의자를 이기는지 운의 관점에서 살펴보겠습니다.

여기 운의 그릇이 있습니다. 그릇의 밑바닥을 겨우겨우 채운 상태를 1, 가득 채운 상태를 10이라고 기준을 정하겠습니다.

현실을 비관적으로 보는 현실주의자는 언제나 운의 그릇을 3~4

정도 채우는 것을 목표로 합니다. 모험적으로 도전을 한다고 해도 5를 넘기기는 힘듭니다. 일을 추진할 때도 될 이유보다는 안 될 이유를 먼저 찾습니다. 가능성보다는 불가능을 먼저 말하지요. 일어나지도, 겪지도 않을 어려움과 장애물을 찾아내 열거합니다. 그러고는 어려움에 부딪히면 마치 자신의 신념을 확인이라도 했다는 듯이 의기양양하게 한마디를 툭 던집니다.

"보라고. 역시 현실은 만만한 게 아니야. 내가 애초 뭐라고 했어. 안 된다고 했잖아."

이렇게 시작한 일은 백전백패입니다. 아니 시작하기도 전에 이미 실패했다고 말해야겠지요. 이런 성향의 사람들이 큰 행운을 거머쥐는 확률은 놀랍게도 1%에 지나지 않습니다.

일반적으로 현실주의자는 진실을 외면하고 언제나 사실에 주목합니다. 스스로 능력의 한계치를 끌어내리거나, 99%의 운이 따르지 않는 사람으로 스스로를 결론 내립니다. 그리고 혼자 힘으로 문제와 어려움을 해결할 수 있을 정도의 목표를 설정합니다. 그런 다음 치밀한 계획을 세우고, 그 목표를 반드시 이루어내는 장점은 있습니다. 말하자면 최악의 사태가 발생하는 것을 방지하는 것이 그의 목표라면 목표입니다.

대부분의 일들은 다른 사람의 조력을 필요로 합니다. 그러나 세상이, 다른 사람들이 자신의 입맛에 맞도록 저절로 움직여주지는 않습니다. 그래서 자신이 가진 이외의 것들에 도전해야 합니다. 이른바 운의 영역에 자신을 던지는 것이지요. 이때 비로소 꿈이 생기고, 이루고자 하는 목표가 선명해집니다.

"이런 어려움은 목표를 이루기 위해 필요한 과정이야. 이 고비만 잘 넘기면 좋은 결과가 기다리고 있을 거야. 나는 운이 좋은 사람이거든."

낙관주의자는 현실주의자와는 반대의 길을 걸어갑니다. 목표를 정하면 희망을 가지고 앞으로 나아갑니다. 장애물을 만나면 피하기보다는 해결하는 방법을 찾습니다. 행운은 문제를 찾는 사람보다는 문제를 해결하는 사람에게 미소 짓는다는 걸 잘 알기 때문입니다.

행운이 따르지 않는 운명을 타고난 사람이란 없습니다. 다만 운의 과학을 모르는 사람일수록 행운을 누릴 확률이 떨어질 뿐입니다. 실제로 제가 살펴본 4만여 명의 운명데이터 가운데, 자신의 타고난 행운을 온전히 누리는 3%의 사람들은 낙관론자가 압도적으로 많았습니다.

운의 세계는 규칙과 법칙이 지배하는 과학의 세계입니다. 한 치의 오차도 허락하지 않는 우주만물의 법칙에 따라 움직이니까요.

현실주의자의 함정에 빠진다면 자신에게 주어진 행운의 절반도 누리기 힘듭니다. 주변에 널린 비관론자들의 비판과 비난을 꿋꿋이 이겨내며 "나는 운이 좋은 사람이야!"라고 큰 소리로 외쳐보세요. 인내심이 강한 낙관주의자인 당신은 운의 그릇의 9까지 행운으로 가득 채울 수 있을 것입니다.

행운은 긍정적인 사람의 것이니까요.

◆ 행운의 법칙 ◆

"나는 운이 좋은 사람이다"라고 세상에 외쳐라!

고정관념의
울타리를 벗어나라

눈먼 망아지가 워낭 소리만 듣고 따라간다 — 속담

•

瞽馬聞鈴
고마문령

"이번에도 혹시, 잘된 일인가요? 예전 같으면 무조건 안 좋다는 생각이 들어 힘들었을 텐데, 그동안 컨설팅을 받으면서 꼭 그런 게 아니라는 걸 알았거든요."

"지난번 그 시험에 떨어져 절망했는데도 다행이라고 해서 어안이 벙벙했어요. 그런데 결과가 좋으니까 그때 하신 말씀이 생각나더라구요. 겉보기에 불운처럼 보이는 일도 좋게 마무리되는 경우가 많다는 사실을 새삼 깨달았습니다."

제가 만나는 고객들에게 자주 듣게 되는 이야기입니다.

일반적으로 세상을 살아가면서 경험하는 일과 감정의 관계는 너무 천편일률적인 경우가 많습니다. 좋은 일에는 좋은 감정, 나쁜 일에는 나쁜 감정을 드러내는 것이지요. 너무 기계적인 반응입니다. 이래 가지고는 좋은 운을 불러들이지 못하지요.

예를 들어볼까요? 이성 친구의 결별 통보는 괴로운 경험입니다. 그래서 대개 힘든 시간을 보내는 게 마땅하다고 생각합니다. 실직은 세상과 단절할 정도로 본인을 공황 상태로 몰아가기도 합니다. 친구가 좋은 관광지로 여행이라도 가면 부럽기도 하고, 또 자신이 못나 보여 스스로 무능력자로 낙인을 찍는 경우도 있지요. 그리고 직장에서 승진은 무조건 축하받을 일이며, 좌천은 곧장 사직서 제출로 연결되는 일이 비일비재합니다.

이처럼 세상살이에서 사람들은 정해진 방식대로 행동하곤 합니다. 어떤 일이 일어났을 때 어떻게 생각하고 느껴야 하는지에 대해 하나의 매뉴얼처럼 똑같이 반응들을 하는 것이지요. 그런데 운의 관점에서 본다면 이런 생각은 참 어리석은 행동입니다.

운의 과학에서 잘 알려져 있지 않은 진실을 하나 말해드릴까요? 우리에게 주어진 행운을 제대로 누리지 못하는 가장 큰 이유가 바로 이 같은 고정관념 때문이라는 것입니다. 고정관념의 울타리를 벗어나지 못한다면 행운을 만나기란 낙타가 바늘구멍을 지나가기 만큼이나 어렵답니다.

앞서 예를 든 고정관념의 세계를 한번 뒤집어볼까요?

실연은 더 좋은 사람을 만나기 위해 주어진 기회입니다. 악연을 떠나보내는 기회가 될 때도 있지요. 해고나 실직도 얼마든지 성공적인 창업과 전직으로 이어지기도 하고, 또 재충전의 시기를 보내면서 자신이 어떤 사람인지 스스로 돌아볼 수 있는 기회를 주기도 합니다. 자신에 대한 성찰과 자기와의 대화를 통해 인간적으로 한 단계 더 성장할 수 있지요.

빠른 승진이 마냥 부러운 일이기만 할까요? 빠른 승진은 빠른 퇴사의 지름길이라는 말도 있습니다. 교만한 마음과 자세가 주위에 보이지 않는 적들을 만들고, 결국 추락의 빌미로 작용하는 경우가 많으니까요.

이처럼 세상만사에는 양면이 존재합니다. 그러니까 당신이 행운의 주인공이 되고 싶다면 세상의 통념대로 기계적인 반응을 보여서는 안 됩니다. 행운이 불운을 불러들이기도 하고, 불운이 행운을 불러들이기도 하니까요.

불교 경전인 《아함경》에 나오는 재미있는 우화입니다.

어느 날 천하에 둘도 없는 미녀와 추녀가 함께 마을을 찾았습니다. 그리고 하룻밤을 묵기 위해 어느 집의 대문을 두드렸습니다. 집주인이 나가 보니 눈이 부실 정도의 미인이 서 있기에 누군지 물었습니다.

"저는 행복을 몰고 다니는 사람입니다."

집주인은 미녀를 집 안으로 반갑게 맞았습니다. 그리고 다시 누군가가 대문을 두드리기에 나가보니 이번에는 누더기를 걸친 추녀가 서 있었습니다. 주인이 재차 누군지 물었습니다.

"저는 불행을 몰고 다니는 사람입니다."

추녀의 말이 떨어지기가 무섭게 주인은 당장 꺼지라며 그녀를 쫓아냈습니다. 문밖으로 쫓겨난 추녀가 말했습니다.

"먼저 집에 들어간 여자는 제 언니랍니다. 우리 자매는 언제나 함께 다니지요. 제가 쫓겨나면 언니도 함께 이 집을 떠날 겁니다."

행복과 불행이라는 이름의 두 자매는 곧바로 그 집을 떠나버렸습니다.

행복은 불행 뒤에 숨어서 오고, 불행은 행복 뒤에 숨어서 옵니다. 빛과 그림자처럼. 겉으로 불운처럼 보이지만 대박의 행운을 안겨주는 일은 너무나 많지요. 당신이 지금 힘든 시간을 보내고 있다면 바로 행운을 맞이할 준비를 하고 있다고 믿어야 합니다. 내게 왜 이런 불행이 생겼느냐며 절망하는 동안 불운 속에 숨겨진 행운은 달아나 버릴 뿐입니다.

반면, 행운처럼 보이는 일이라도 기쁨은 마음껏 누리되 스스로 경계하는 마음가짐을 잃지 않도록 해야 합니다. 이것을 진정한 행운으로 만들려면 감사하고, 겸손하고, 노력하는 자세를 유지하는 게 중요합니다.

인생이란 '내 안의 나'를 찾아가는 긴 여행입니다. 여행을 하는 동안 여러 가지 모습의 나를 만나게 됩니다. 진정한 나를 만날 때 비로소 행운이 미소를 짓지요. 그때 행복한 모습으로 손을 내밀어야 합니다.

행복한 당신이 행운의 주인이니까요.

◆ 행운의 법칙 ◆
행운과 불행은 함께 온다.

100% 정확한 역학은 없다

짙은 구름이 끼어 있으나 비가 오지 않는다 — 주역

◆

密雲不雨

밀운불우

"얼마 전에 점집에 갔었어요. 팔려고 내놓은 집이 안 팔려서 힘든 상황이었지요. 그런데 집을 팔기도 힘들 뿐 아니라, 남편이 회사에서 안 좋은 일이 생길 거라며 굿을 권하더라구요. 남편은 현재 잘나가고 있고, 집만 팔리면 되는데…… 기분이 영 찜찜해서 고민이에요."

이렇게 단정적인 결론을 가지고 오는 고객들을 이따금 만납니다. 그들은 미래에 대한 의심과 두려움으로 얼굴에 불안감이 가득합니다. 자신의 앞날에 불운이 펼쳐진다는데 마음이 편한 사람은 없겠지요.

우리의 미래는 장밋빛일 수도, 회색빛일 수도 있습니다. 우리가 어떤 마음가짐으로 앞날을 맞이하느냐에 따라 삶의 색깔은 달라지겠지요. 제가 운 컨설턴트로서 자신 있게 할 수 있는 말은 단 하나입니다.

"100% 정확하고 완벽하게 예언할 수 있는 역학의 기법은 없습니다."

운명학의 어느 분야에서 일가를 이룬 대가의 예언이라 해도 마찬가지입니다. 왜 그런지 한번 살펴보도록 하겠습니다.

일반적으로 역학은 동양과 서양으로 크게 분류됩니다. 그리고 각각 장기적인 미래를 예측하는 분야와 단기적인 미래를 예측하는 분야로 다시 나누어집니다.

동양의 역학은 잘 알려진 대로 사주명리, 자미두수, 기문둔갑, 육효 등 일반인에게 비교적 친숙한 것부터 전혀 생소한 이름의 역학까지 수십 가지를 헤아립니다. 서양의 역학도 고전점성술, 심리점성술, 베딕 등 여러 갈래로 나누어지지요.

이런 동서양의 역학들은 각각 미래를 예측하기 위해 동시성의 원리를 기반으로 합니다. 그러나 각각의 기원, 철학, 기법, 해석법 등에 있어서는 분명히 큰 차이가 있습니다. 각각의 역학이 한 가지 운의 데이터를 놓고 동일한 예측 결과에 도달하지 못할 수도 있다는 뜻입니다.

지금까지 동서양의 여러 역학을 연구하고, 또 실제로 적용한 경험에 따르면 완벽하게 모든 사람들에게 들어맞는 단 하나의 방법은 없다는 사실입니다. 수만 명의 운명 데이터를 분석하고 연구한 결과이기도 합니다.

한 가지 방법만을 통해 내린 운명의 예측은 실로 위험하기 짝이 없습니다.

왜 예로부터 사람을 죽일 수 있는 직업은 의사와 점술가뿐이라고 했을까요? 선무당이 사람 잡고, 돌팔이 의사가 사람의 생명을 위협할 수 있다는 뜻이겠지요.

저의 경우는 동양의 역학 가운데 3~4가지 방법, 서양의 역학 가운데 2가지 방법을 두루 활용해서 운의 데이터를 뽑아봅니다. 이처럼 5~6가지 역학의 방법을 사용해서 나오는 각각의 결론을 비교해보면 공통적인 것들을 추출하고 정리할 수가 있습니다. 그리고 여기에 추가적으로 관상과 성명을 고려하여 최종적인 판단을 내린답니다.

물론 1~2가지 기법에서만 나타나는 예측 결과도 있지만 대개는 단편적인 경향성만 보여주기 때문에 참고만 할 뿐입니다. 다시 말하자면 비를 뿌릴 듯 하늘에 먹구름이 몰려들지만, 곧바로 구름이 걷히는 형국일 때를 말하는 것이지요.

당신은 신탁을 받으러 신전에 가듯이 절대 예언에만 매달려서는 안 됩니다. 운이 좋은 사람은 전문가의 조언과 기술을 현명하게 활용하지요.

이 책에서 말하는 운의 법칙과 기술을 잘 익힌다면, 당신의 그릇에 행운을 가득 채우는 데 활용할 수 있답니다.

◆ 행운의 법칙 ◆
절대 예언에만 매달리지 마라.

상대에게서 '나'를 보는 인연법

남을 이기려면 자신을 먼저 이겨야 한다 — 여씨춘추

◆

欲勝人者必先自勝

욕승인자필선자승

"요즘 저와 개인적으로 상당히 껄끄러운 사람이 있어요. 도대체 제가 왜 이 사람과 엉켰는지 모르겠어요. 운명적으로 볼 때 이 사람과 저의 관계가 어떤가요? 실제로 이 사람, 좀 문제가 많은 사람입니다."

대기업 임원인 P씨가 S씨의 생년월일을 손에 들고 저를 찾아왔습니다. 놀랍게도 그가 내준 S씨의 생일은 전에도 받아본 적이 있는 사주였습니다.

아이러니컬한 사실은 그때 S씨의 생일을 내민 또 다른 고객은 S씨가 믿을 만하고 인성도 바른 사람이라는 평가를 내렸다는 것이지요. 그러면서 앞으로 함께 많은 일을 하려 하는데 관계를 계속하는 게 좋을지 어떨지를 한번 봐달라는 부탁이었습니다.

한 사람은 문제가 많아 껄끄러운 사람이라고 하고, 또 한 사람은 믿음직하고 성실한 사람이라고 합니다. S씨의 생일을 들고 온 두 사람의 말은 다 맞습니다. 그런데 둘 다 틀리기도 합니다. 왜 같은 사람을 이렇게 다른 시각으로 보게 되는 것일까요?

우리는 나 이외의 타인을 있는 그대로 바라보지 못합니다. 당신의 눈에 비친 상대방의 모습을 당신의 틀로 해석해서 바라보기 때문입니다.

당신 안에는 여러 가지 모습이 있고, 만나는 사람에 따라 다른 모습의 '나'를 내보입니다. 따라서 당신이 타인을 판단하고 받아들일 때에도 반응하는 '나'에 따라 각각 몇 가지 유형으로 결정하게 됩니다. 때문에 같은 사람도 바라보는 사람에 따라 전혀 다른 모습으로 보이게 마련입니다.

지금 당신에게 그토록 얄밉게 구는 사람이 누군가에게는 세상에서 가장 너그러운 사람일 수도 있다는 이야기랍니다.

사실 인연운을 살펴볼 때, 궁합에 따라 대하는 방법과 전략은 천차만별입니다. 그러나 보편적으로 당신이 기울여야 할 노력이 있습니다.

우선 마음에 들지 않는 사람이 있다면 상대를 객관적으로 평가하고 있는지 다시 한번 생각해볼 필요가 있습니다. 만약 상대에 대해 부정적인 감정에 치우쳐 있다면 스스로 감정의 균형을 이루는 게 중요합니다. 상대방에 대한 부정적인 생각이 강하면 강할수록 두 사람의 관계가 악화되는 것은 불을 보듯 뻔하지요. 그리고 '그 사람이 싫다'는 사실 자체가 피해의식을 나타내는 것이기 때문에 실제로 자신이 피해자가 되는 경우도 종종 있습니다.

운의 관점에서 볼 때 악연이라고 판단되면 과감하게 관계를 단절하거나 정리하는 게 바람직합니다. 만약 악연이 아닌데도 불구하고 주관적인 감정이 앞서 있다면 한번 자신을 돌아보아야 합니다. 내 안의 문제를 바깥에서 해결하려는 자세는 바람직하지 않습니다. 실제로 "서로 마음이 맞지 않는다"라고 말하는 상대방과의 관계를 자세히 살펴보면 인연법 상 악연이 아닌 경우가 더 많습니다.

이 같은 관계는 오직 당신의 내면에 자리한 '그를 미워하는 나'를 치유함으로써 이겨내야 합니다. 왜 그토록 마음에 들지 않는지, 부정적인 감정을 가지게 한 원인이 무엇이었는지 마음 깊숙한 곳까지 살펴보고 내면의 어린아이를 꼭 안아주세요. 반드시 어떤 불안이나 두려움이 자리하고 있을 테니까요.

살면서 마음에 드는 사람만 만난다는 것은 불가능한 일입니다. 당신이 가진 여러 가지 모습 중에서도 마음에 들지 않는 모습이 있고, 바로 그 모습을 싫은 상대에게서 보기 때문입니다.

그러므로 마음에 들지 않는 사람을 만나는 것 역시도 당신의 행운을 키울 수 있는 기회로 삼아야 합니다. 소외되었던 내 안의 '나'

를 발견하고 스스로 용서하며 따뜻하게 감싸 안아준다면 당신의 아군으로 변모하거나, 또는 자연스럽게 멀어지면서 문제가 해결되는 환경이 만들어집니다.

시간이 지나면 당신 자신을 온전히 사랑하기 위해, 마음에 들지 않던 '나'도 반드시 필요한 자신의 한 조각이었음을 깨닫게 되는 때가 올 것입니다.

◆ 행운의 법칙 ◆
내 안의 문제를 바깥에서 해결하려고 하지 마라.

2장

人

운은 사람과의 인연이다

열매가 없는 꽃은 심지 마라

열매 없는 꽃처럼 의리가 없는 친구는 끊어라 — 명심보감

◆

不結子花休要種無義之朋不可交
불결자화휴요종무의지붕불가교

인간을 비롯한 모든 생명은 한 치의 어긋남도 없이 자연의 섭리대로 살아갑니다. 아주 작은 씨앗 안에도 생명을 만들어내기 위한, 한 치의 오차도 허락하지 않는 힘이 있답니다. 하나의 씨앗이 열매를 맺기까지는 무한한 에너지를 필요로 하니까요.

수박씨는 결코 호박이나 사과를 만들어내는 실수를 저지르지 않습니다. 작은 수박씨가 커다란 수박을 만들어내는 우주의 섭리와 질서는 경이롭기까지 합니다.

물론 세상의 모든 꽃이 다 크고 아름답게 피어나지는 않지요. 그러나 눈을 비비고 봐야 겨우 눈에 들어오는 작은 꽃, 이름조차 없는

들꽃, 화려하지만 향기가 없는 꽃들도 각자의 개성을 마음껏 뽐내며 스스로를 자랑스러워합니다.

길가에 피어난 작은 들꽃이 부끄러워 고개를 숙이고 있던가요? 그렇지는 않지요. 살아 있는 모든 생명들은 다 자기를 사랑하고 자랑스러워할 자격이 있답니다.

꽃들이 각자의 아름다움을 자랑하듯, 사람도 저마다 뽐내고 싶은 개성이 있습니다. 세상살이의 인간관계도 타고난 개성들끼리 만들어내는 인연에 지나지 않는답니다. 때로는 좋은 인연이, 때로는 나쁜 인연이 만들어질 뿐이지요.

인복이 좋은 사람의 꽃밭에는 향기롭고 예쁜 꽃들이 가득하고, 인복이 나쁜 사람의 꽃밭은 죽은 꽃들만 흩날리는 황무지와 다를 바가 없습니다.

그렇다면 운의 원리에서는 무엇이 그 사람의 인복을 좌우하게 되는 것일까요? 우선 열매가 있는 꽃을 제대로 알아보는 안목이 가장 중요하답니다. 그다음에는 양지바른 곳에서 제때 충분한 물을 주며 소중하게 보살피는 것이 중요합니다.

열매가 있는 꽃이라고 해서 꼭 금전적인 대가나 보상을 의미하는 것은 아닙니다. 사람과 사람 사이에 주고받는 에너지는 물질적인 것보다는 정신적인 것이 훨씬 더 강하지요. 이 정신적인 무형의 에너지가 인간관계에서 꽃을 피우고 열매를 맺게 한답니다.

율곡 이이는 "군자는 의로움을 근본으로 삼고, 소인은 이로움을 근본으로 삼는다"고 말했습니다. 이 말은 바로 눈앞의 금전적인 이익을 우선하는 인간관계를 경계하라는 뜻으로 받아들이면 되겠습니다.

인간은 사회적으로 관계의 존재입니다. 캐치볼 게임처럼 서로 무언가를 주고받으며 살아가는 존재라는 뜻이죠. 따라서 정신적이건 물질적이건 자기에게 은혜를 베푸는 사람에게는 더 잘 해주려는 마음을 먹기 마련입니다. 상대는 그에 응답하여 더 많은 것을 주려고 합니다. 이런 선순환 구조야말로 인복이 있는 사람들이 보여주는 대표적인 특징들입니다.

간혹 열매가 없는 꽃의 씨앗이 당신의 꽃밭으로 들어오는 경우가 있을 수 있습니다. 이때는 정중하게 사양하는 마음으로 관심을 거두어야 합니다. 햇빛과 물도 낭비를 해서는 안 됩니다. 자기 스스로 다른 꽃밭을 찾아가도록 버려두어야 합니다.

이런 일로 인해 조금이라도 미안해하거나 죄책감을 가질 필요조차 없습니다. 타고난 개성과 에너지가 서로 다를 뿐이라고 생각하세요. 그 사람은 다른 누군가의 꽃밭에서는 다디단 열매를 맺는 귀인이 될 것이니까요.

사람은 자기 안의 상을 통해 판단하기 때문에 어차피 다른 사람을 있는 그대로 볼 수는 없습니다. 따라서 당신에게 공허한 느낌을 주는 사람과 관계를 이어가면서 "나는 인복이 없다"고 투덜대는 것은 바람직하지 않습니다. 이런 경우 대개 시너지 효과를 내기보다는 서로의 시간과 에너지를 갉아먹는 나쁜 인연으로 귀결되기가 쉬우니까요.

　열매가 있는 씨앗을 고른 다음에는 꽃밭의 자리 배치도 중요하지요. 믿음이 없다고 판명된 사람을 가까이 두는 어리석음을 반복해서는 안 됩니다. 믿음이 없으면서 가까운 관계를 유지한다는 것은 미움과 배신의 싹을 틔우는 빌미가 되니까요.

　누군가 자리를 비우면 늘 새로운 인연이 찾아온답니다. 그 사람이 열매를 맺는 꽃인지 아닌지를 면밀히 살피는 게 당신이 해야 할 일입니다. 그리고 남는 시간은 그저 비옥한 토양을 만드는 일에만 힘을 기울여야 합니다.

◆ 행운의 법칙 ◆
수박씨는 결코 호박이나 사과를 만들지 않는다.

세상에
공짜 점심은 없다

은혜를 베풀고서 보답받기를 바라지 말고,
남에게 주었거든 후회하지 마라 —명심보감

◆

施恩勿求報與人勿追悔
시은물구보여인물추회

"내가 저한테 어떻게 했는데 고마워하기는커녕 은혜를 배신으로 갚다니……."
"줄 만큼 주고 할 만큼 했지만, 이렇게 전혀 모른 척하니까 인간 자체에 회의가 오네요."
"제가 인복이 없는가 봐요. 그래도 남한테 많이 베풀고 살았는데 왜 사람들이 오히려 멀어지는 것일까요?"

의외로 이런 이야기를 털어놓는 사람들이 많습니다. 이들의 이야기를 종합하면 대체로 자기는 잘 해주었는데 남들이 보답하지 않았다거나 은혜를 모른 척하는 바람에 마음에 상처를 받았다, 이렇게 요약이 됩니다. 그래서 타고난 인복이 없기 때문이라고 섣부른 결론을 내려버리지요.

과연 그럴까요? 인연법에서는 "절대 아니요!"입니다.

사람들은 상대방에게 무엇인가를 주면 자연스럽게 그에 대한 대가를 생각합니다. 인지상정입니다. 경제학의 제1법칙도 '세상에 공짜 점심은 없다'입니다.

그런데 문제는 준 사람과 받은 사람 사이에 생기는 '마음의 간극'이 크다는 데 원인이 있습니다. 좀 극단적인 예를 들어볼까요? 준 사람은 5를 주고 10으로 생각하고, 받은 사람은 5를 받고 1로 생각합니다. 1과 10의 사이, 이 공간에서 인간사의 모든 갈등과 문제가 발생합니다.

비즈니스 관계에서의 주고받기는 기본적으로 계약 관계이기 때문에 얼추 '계산'이 맞아떨어집니다. 서로 수지가 맞지 않으면 애초에 주고받는 관계가 성립되지 않으니까요. 거래를 할 때는 화폐라는 세계적으로 공인된 교환 수단이 있기 때문에 인간의 '감정'이 개입할 여지가 별로 없습니다.

그런데 일반적인 인간관계, 즉 남녀의 사랑, 친구의 우정, 동료의 호의 등은 그렇지가 않습니다. 화폐의 거래가 아닌, 감정의 거래이기 때문에 교환가치의 기준이 제각각입니다. 이 기준은 0~9세, 또는 10~18세까지 대운이 온 어느 시기에 직간접적인 경험을 통해 형성됩니다. 이때의 경험이 무의식 속에 심어져 인복을 좌우합니다만, 본인 자신은 명확하게 깨닫지 못하는 경우가 많습니다.

이 기준에 따라 좋은 쪽으로, 혹은 나쁜 쪽으로 감정이 증폭하면 결국 정반대의 결과가 초래되지요. 그래서 사랑과 증오, 우정과 배신, 호의와 적의는 종이 한 장 차이라고 할 정도로 순식간에 뒤집어지기도 합니다.

연인의 관계를 한 예로 들어볼까요? 내가 당신을 사랑하니까 당신도 나를 사랑해야 한다는 공식이 바로 사랑방정식입니다. 사랑의 양과 질이 등가적이지는 않더라도 어쨌건 사랑을 주고받아야 사랑방정식이 성립합니다.

연인 사이에서도 사랑하는 이상으로 받기를 원합니다. 사랑한다는 몸짓과 표현이 강해진다는 것은 그 이상으로 사랑을 해달라고 신호를 보내는 것입니다. 내가 이런저런 것들을 사랑의 이름으로 베풀었으니 당신도 상응하는 보답을 해달라는 의미가 담겨 있는 것이지요. 이것을 강압적인 압력으로 느끼지 않는다면 상대방도 같은 의미의 신호로 응답할 것입니다.

이렇게 서로 사랑을 주고받으며 키워가는 게 건강한 사랑이고 좋은 인연입니다. 서로 부담을 주지도 느끼지도 않는 사랑이야말로 애정운을 좋게 만들 뿐만 아니라 결혼운에도 행운이 따른답니다.

그런데 일방적이고 무조건적인 사랑은 왜 대부분 비극적인 결말로 마무리가 될까요? 무조건적인 사랑을 주었다는 사람일수록 "나는 아무것도 바라지 않았다"고 강변을 합니다만, 사실 무의식적으로 '당신도 날 사랑해야 한다'는 조건적인 사랑을 원했다고 보면 틀림이 없습니다. 단지 '대가를 바라면 진정한 사랑이 아니다'라는 생각이 자신의 열정을 억누르고 있었을 뿐이랍니다.

이런 사랑은 상대방의 의식과 무의식에 엄청난 압력과 부담으로 작용하고, 결국은 자연스럽게 멀리하려는 마음이 생기게 만들어버립니다. 이럴 경우 사랑이 오히려 연민과 증오로 바뀌는 경우가 종종 있답니다.

무조건적인 사랑이 해피엔딩으로 마무리되는 경우는 정말 대가를 바라지 않는 사랑을 베풀 때나 가능한 일입니다.

"저는 너무 많은 사랑을 가지고 있답니다. 당신이 나를 사랑해야만 이 사랑을 드리겠다는 생각이 아닙니다. 사랑을 주는 기쁨 외에는 아무것도 바라지 않아요."

이런 마음이야말로 사람의 마음을 움직이고, 또 행운을 불러들이는 강력한 힘입니다.

혹시 베풂에 대한 대가나 보상이 금방 돌아오지 않는다고 "난 인복이 없어"라고 투덜거린 적이 있나요? 그것은 인복이 없는 게 아니고 대가를 바라는 마음이 강했기 때문이랍니다.

그래서 남에게 무엇인가를 베풀거나 줄 때는 신중하게 판단해야 합니다. 상대방이 그럴 만한 자격이 있는지, 자신은 마음의 준비가 되었는지 스스로에게 솔직하게 물어야 합니다. 그리고 베풀기로 결정했다면 정말 기쁜 마음으로 주고 잊어버려야 합니다. 동시에 베풀 수 있을 만큼의 무언가가 내 안에 있고, 또 베풀 수 있는 상대가 있음에 깊이 감사하세요.

  대가가 돌아올 것을 기대하지 말고 줄 수 있다는 기쁨을 마음껏 누리세요. 이런 마음가짐이 상대의 마음을 움직이게 되고, 결국 두 사람의 관계에 좋은 운을 불러올 것입니다.

◆ 행운의 법칙 ◆
줄 때는 대가를 바라지 말고, 기쁜 마음으로 베풀어라.

운은
사람과의 인연이다

사람을 기다린 후에 행동하라—중용

◆

待其人而後行

대기인이후행

"그 일은 11월부터 풀리는데 9월이면 도와줄 사람을 먼저 만나게 될 겁니다. 진취적인 성향을 지닌 사람으로, 일단 인연을 맺으면 15년간 장기적으로 함께 일을 키워갈 수 있겠습니다."

해외 사업이 생각처럼 풀리지 않아 고민하는 L씨에게 드린 컨설팅 내용입니다.

일반적으로 운이 바뀔 때, 가장 눈에 띄는 변화는 새로운 인연을 만나게 된다는 것입니다. 이른바 운의 과학에서 말하는 귀인을 만나 행운을 얻게 되는 운수를 뜻합니다.

이때 귀인은 전혀 새로운 사람일 수도 있지만, 새롭게 가까운 사이가 된 사람일 수도 있습니다. 사람과 때에 따라 만남의 인연은 여러 형태로 모습을 드러내지요. 설령 운이 바뀌지 않는 시기라 해도 일을 추진하고 성취하는 데 가장 결정적인 영향을 끼치는 것은 항상 사람과의 인연입니다. 맹자가 왕도론을 전개할 때 이런 말을 했지요.

"하늘의 때는 땅의 이득만 못하고, 땅의 이득은 사람의 화합만 못하다."

동서고금을 막론하고 세상을 살아가는 데 사람과의 인연만큼 중요한 것도 없습니다. 운의 과학에서도 인연법을 제일 중요하게 여긴답니다. 오죽하면 사람의 만나고 헤어짐은 팔자소관이라는 말이 다 있을까요.
사람과의 만남은 다 때가 있는 법입니다. 자신의 마음이 준비가 되면 적절한 인연이 나타나 도움을 받을 수 있답니다. 이 법칙에서 벗어나는 사람이 간혹 있습니다만, 이는 매우 드문 경우입니다. 물론 어떤 사람을 만난다고 해서 모든 일이 다 잘 풀리는 것은 아니겠지요. 귀인을 만났는데도 몰라보고 그냥 지나친다든지, 인연을 맺은 후에 관리가 잘 되지 않아 실패로 끝나는 수도 많습니다.
인연법에서도 파랑새의 교훈은 늘 살아 있습니다. 행복의 파랑새는 멀리 있는 게 아니라 자기 주변에 있다는 뜻이랍니다. 그동안 참으로 만나기 힘든 좋은 인연이 바로 옆에 있는데 알아보지 못한 채 행운의 기회를 발로 차버리는 경우를 부지기수로 보았습니다. 이같은 실수를 방지하기 위해서라도 '사람 보는 눈'을 키우려는 노력이 필요하답니다.

같이 영업할 사람이 없다면서 한탄하는 P대표가 들고 온 직원들의 생년월일을 보니 뛰어난 영업의 귀재가 HR(인적자원관리) 부서에서 근무하고 있었던 예도 있었습니다.

운이 좋아지는 시기에 대운을 안겨줄 사람을 만난들 그냥 놓쳐버리면 무용지물입니다. 인사가 만사라고들 하지요. 인재를 적재적소에 활용하지 못한다면 아무 소용이 없다는 뜻입니다.

한편 사람은 운이 나빠지기 전에도 나쁜 인연을 만날 수 있습니다. 이때는 내리막길에서 가속페달을 밟는 것과 마찬가지니까 주변을 더욱 잘 돌아보아야 합니다.

운이 좋은 시기에 좋은 인연을 만나는 것과 운이 나쁜 시기에 나쁜 인연을 만나는 것의 기본 원리는 같습니다. 그 방향이 반대일 따름이지요. 좋은 시기에 만난 사람이 당신의 뜻을 이루어주기 위한 역할을 맡게 된다면, 좋지 않은 시기에 만난 사람은 당신의 기대를 꺾고 일이 틀어지도록 하는 역할을 맡게 되지요.

"좋고 나쁜 인연은 어떻게 판단을 하나요?"

사람의 인연에 대해 주로 많이 받는 질문입니다. 이때 저는 반드시 "그 사람을 언제 처음으로 만났습니까?"라고 묻는답니다. 같은 사람이라 할지라도 어떤 시기에 만나느냐에 따라 좋은 인연이 되기도 하고, 나쁜 인연이 되기도 하니까요.

좋은 시기에 만난다면 크게 도움을 줄 사업 파트너도, 나쁜 시기에 만나게 되면 한낱 사기꾼에 지나지 않을 수가 있답니다.

당신이 무엇을 원하든, 그것을 이루기 위해서는 사람이 필요합니다. 서로 운이 상승하는 사람을 만나기 위해서 먼저 당신이 해야 할 일이 있습니다.

사람 보는 눈을 키우고, 그에게 베풀 수 있는 무언가를 준비해야 합니다. 그러면서 때를 기다려야지요. 인연법에서 가장 중요한 것은 서두르지 않는 지혜입니다.

그리고 사람을 만나면 자신의 내면을 들여다보아야 합니다. 내 안의 어떤 '나'가 그 사람과 좋은 인연을 맺을 수 있는지 살피는 게 중요하니까요. 무릇 세상살이라는 게 사람과의 인연이 전부입니다.

◆ 행운의 법칙 ◆
사람 보는 눈을 키우고, 그에게 베풀 것을 준비하라.

있는 그대로
나를 사랑하라

남을 나처럼 귀하게 여기고 남을 업신여기면 안 된다—명심보감

◆

勿以貴己而賤人勿以自大而蔑小

물이귀기이천인물이자대이멸소

"행운을 부르는 특별한 사람이 따로 있는 것일까요?"

강의할 때마다 늘 받는 질문 가운데 하나입니다. 사람의 운은 타고나고 또 정해져 있냐는 물음입니다.

물론 손대는 일마다 술술 풀리는 사람이 있고, 부동산이나 주식에 투자해 떼돈을 버는 사람도 있고, 평범해 보이는데도 주위에 능력 있는 사람들이 모여드는 사람이 있습니다. 특별한 재능이나 노력이 없어 보이는데도 잘 먹고 잘사는 사람들이죠. 이런 사람들을 보면 분명 운 좋은 사람은 따로 있는 것처럼 여겨집니다.

그러나 좋은 운을 타고난 특별한 사람은 없습니다. 어떤 사주든 운이 따르는 분야와 그렇지 못한 분야는 있기 마련입니다. 다만 큰 행운을 누리는 사람은 소수이기에 그렇게 보일 뿐이지요.

운의 과학에서는 자신을 사랑하는 사람만이 행운을 누릴 자격이 있다고 분명히 말합니다. 자신을 사랑해야 운도 찾아온다는 뜻입니다. 그렇다면 자신을 진정으로 사랑한다는 말의 의미는 무엇일까요?

바로 자신의 단점과 약점을 포함한 있는 그대로의 모습을 인정하고 사랑하는 것입니다. 이런 사람들은 어떤 일을 하든, 어떤 삶을 살든 스스로의 발전과 행복을 목표로 삼지요. 남의 행복을 해치지 않는 범위 내에서 자신의 삶에 집중하는 스타일입니다.

누구보다 더 나아서 거만해지고, 또 누구보다 더 못해서 비굴해지는 태도는 진정 나를 사랑하는 마음이 아닙니다. 다른 사람의 약점을 들어 무시하거나, 사회적인 약자를 업신여기는 것도 스스로의 품격을 떨어뜨리는 행동입니다. 그리고 이런 마음가짐과 태도는 반드시 그 반대의 상황을 불러들이는 원인으로 작용을 합니다.

작은 성공을 손에 거머쥐었다고 콧대가 높아진다면 후에 좋지 않은 시기가 왔을 때 그대로 전세가 역전되는 것이 운의 법칙입니다. 자신이 손가락질하던 사람으로부터 다시 손가락질을 받는 수모를 겪게 되지요.

이처럼 남과 끊임없이 비교하며 살아가는 것은 진정으로 자신을 사랑하는 태도가 아닙니다. 남보다 잘나서 행복하고, 남보다 못나서 불행하다는 사람들은 남의 거울에 비친 자신의 허상에 매달리는 것에 지나지 않습니다. 행운의 여신이 실체가 없는 허상에 미소를 지을 리는 만무하지요.

그럼 있는 그대로의 자신을 사랑하려면 어떻게 해야 할까요?

첫째, 먼저 스스로 완벽한 사람이 아니라는 걸 인정해야 합니다.
둘째, 단점을 인정하고 부끄러워하지 않아야 합니다.
셋째, 남과 나를 비교하지 말아야 합니다.
넷째, 남의 단점에 대한 지적과 비난을 거두어야 합니다.
다섯째, 부족함에도 불구하고 나는 행운이 따를 자격이 있다고 믿어야 합니다.

행운은 선악을 가리지 않듯이 사람의 장단점도 가리지 않습니다. 세상에 완벽한 사람은 없고, 또 완벽해지려는 노력을 할 필요도 없습니다.

우리는 모두 약점과 단점이 많은 사람입니다. 그래서 혹시 불이익을 받거나, 사랑을 받지 못할 수도 있다는 불안한 감정이 생길 수도 있습니다. 이런 두려움과 불안감이 자신에 대한 부정적인 이미지를 만들어내는 원인입니다.

나는 사랑받을 가치가 없다는 마음은 그런 생각을 불러오는 사건을 일으키지요. 그래서 사람은 자신의 생각대로 살게 되고, 또 그대로 운명도 따라 움직이는 것입니다. 마찬가지로 나는 사랑받을 가치가 있다는 생각은 그런 사건과 삶을 만들고, 당연히 운명도 그런 쪽으로 움직이게 합니다.

자신을 있는 그대로 사랑할 줄 아는 사람은 남의 사랑을 받기 위해 약점을 감추거나 비굴해지는 법이 없습니다. 이미 스스로 충분히 자신을 사랑하고 있으니까요.

당신은 분명 귀한 사람이며, 이미 행운을 불러오기 위해 필요한 것들을 모두 갖추고 있습니다. 완벽하지 않을지도 모르지만, 온 우주의 에너지와 소통하는 완전한 존재랍니다.

세상의 빛과 어둠이 물체의 입체적인 형상을 만들어내듯이, 당신의 장점과 단점도 '당신다움'을 만들어내는 데 꼭 필요한 요소입니다. 이제 있는 그대로의 당신을 인정하고, 사랑하고, 응원하세요. 남도 당신이 스스로 사랑하는 만큼만 당신을 사랑할 테니까요.

행운은 있는 그대로 사랑하는 당신을 위해 많은 준비를 해놓고 기다리고 있습니다.

◆ 행운의 법칙 ◆
자신을 진정으로 사랑해야 행운이 찾아온다.

궁합이 좋은 사람을 만나는 법

두 사람이 마음을 합하면 쇠도 자를 수가 있다—공자

◆

二人同心 其利斷金

이인동심 기리단금

행운을 부르는 방법에는 여러 가지가 있습니다. 그 가운데 마음을 수양하는 명상과 선행을 쌓아가는 적선 등은 많은 시간과 노력을 필요로 합니다.

그런 반면 궁합이 좋은 사람을 만나는 것은, 원하는 것을 쉽고 빠르게 얻을 수 있는 좋은 운을 부르는 첩경입니다. 즉 운이 좋은 사람과 함께 일을 도모하는 것입니다. 두 사람이 서로 좋은 운을 끌어올리는 관계일 경우는 금상첨화겠지요. 물론 이때 남의 운을 빼앗아 스스로의 운기를 높이는 것은 아닌지 한 번쯤 짚고 넘어갈 필요가 있답니다.

일을 할 때는 물론이고 일반적인 인간관계에서도 운이 좋은 파트너와 함께하면 서로 자신이 원래 가지고 있는 그릇보다 큰 행운을 얻게 됩니다. 특별한 노력 없이 편안하게 행운을 거머쥘 수 있는 길이기도 합니다.

그렇다면 사람 사이에 궁합을 따지는 인연법을 한번 살펴볼까요?

인연법의 기본은 같은 사람이라도 관계를 맺는 분야에 따라 다른 결과를 만들어내는 경우가 일반적입니다. 즉 사업운, 재운, 연애운, 결혼운, 건강운, 인간관계 등에서 두 사람의 궁합이 각각 다르게 나타난다는 것입니다.

예를 들면 좋은 친구로 지낼 수는 있지만 사업의 동업자로는 최악의 관계가 될 수도 있는 게 인연법과 궁합의 특징입니다. 평소 사이가 좋지 않더라도 사업운과 재운이 발달한 부부도 얼마든지 있을 수 있습니다.

다음은 사업상 동업을 하는 경우가 많기 때문에 궁합을 따지는 고객에게 드린 조언입니다.

"그 사람과는 10년 이상 장기적으로 일을 함께할 인연입니다. 원하는 것 이상의 성과를 낼 수 있겠습니다. 다만 개인적으로 어울리는 일은 삼가고, 항상 일 외에는 어느 정도의 거리를 두는 것이 좋겠습니다. 특히 가정사에 대해서 서로 이야기를 깊게 나누는 것은 피하는 게 좋겠네요."

"두 사람은 사업적으로 보나 개인적인 면에서 보나 서로 궁합이 잘 맞지 않습니다. 인연을 오래 끌고 갈 관계는 아닙니다. 그렇지만 그 사람을 통해 좋은 인연을 소개받을 기회는 생길 수가 있습니다. 이번 부탁은 들어주는 게 여러모로 좋은 영향을 미칠 것 같습니다."

사업상 투자를 하거나 돈을 굴릴 때도 투자 분야뿐만 아니라 파트너와의 궁합에 따라 결과가 상당히 다르게 나타납니다. 부동산, 주식, 금융 등 투자 분야도 사람에 따라 궁합이 맞을 수도 있고 전혀 인연이 없는 경우도 있습니다.

그리고 펀드 매니저, 부동산 전문가, 은행 PB 등 각 분야의 전문가 가운데 누구를 만나느냐에 따라 수익이 달라지는 것은 당연한 결과입니다. 저만 하더라도 컨설팅이 많을 때는 궁합이 맞아 더 많은 도움을 줄 수 있는 고객을 우선적으로 만나는 경우가 많습니다.

어떻게 하면 궁합이 맞는 파트너를 만날 수 있을까요?

어느 분야든지 '주고자 하는 마음'에 그 해답이 있습니다. 주고자 하는 마음이란 스스로를 비우고, 그리고 기다리는 마음입니다.

지금 어려움을 겪고 있는 사람이 누군가의 도움을 원하는 것은 받고자 하는 마음입니다. 받고자 하는 마음이 절실할 때 아무리 궁합이 좋은 상대라고 해도 선뜻 응할 리가 없지요. 그래서 자신의 것을 지나치게 아끼다가 정말 좋은 기회를 놓치는 경우도 많습니다.

반대로 나눌 게 있고, 또 아낌없이 나누려는 마음은 일상적인 인연조차 좋은 인연으로 바꾸어놓는 힘이 있지요. 내가 받은 것보다 더 많은 것을 주려는 마음가짐을 늘 유지하는 게 중요하답니다. 물론 당신에게 받을 만한 자격을 갖춘 사람을 고르는 게 제일 우선이구요.

  세상살이에 정답은 없지만 마음을 비우고, 또 기다리는 마음은 언제나 필요합니다. 행운은 비운 만큼 채워지고, 또 기다리면 스스로 다가오니까요.

◆ 행운의 법칙 ◆
항상 내가 받은 것보다 더 많은 것을 줘라.

악연을
현명하게 다스리기

금수는 야단쳐도 소용이 없다 — 맹자

◆

於禽獸又何難焉
어금수우하난언

학창 시절부터 친한 친구이자 동업자인 C씨에게 시달려온 T씨는 심신이 지친 상태였습니다. C씨는 매사에 부정적이고, 또 남을 비난하기 좋아하는 성격입니다. 특히 화날 때는 말을 함부로 내뱉기 때문에 T씨는 마음의 상처가 클 수밖에 없었습니다.

"무슨 방법이 없을까요? 헤어지려니까 인간관계는 둘째치고 회사 문제가 더 복잡하거든요."

두 사람의 궁합을 살펴보았습니다. 그들이 처음 만난 시기와 동업을 시작한 시기는 모두 T씨에게 좋지 않은 때였습니다. 좋지 않은 시기에 잘못된 결정을 하는 바람에 좋은 운이 가로막힌 상태였지요. 이대로라면 곧 다가올 좋은 시기에도 T씨는 최소한의 성과를 얻는 데 그칠 것이라고 판단을 했습니다.

여러 번 진심으로 이야기해도 고쳐지지 않은 C씨와 인연을 끊으라고 조언을 했습니다. 동업 관계인 사업 문제는 과감하게 빨리 정리하는 게 낫다고 했지요. 좋지 않은 상황에서 약간의 손실을 감내하는 것은 나중에 더 큰 이득을 안겨주기 때문입니다. 주식에서의 손절매와 같다고나 할까요.

친구와 결별한 이후 T씨는 거짓말처럼 모든 일이 잘 풀렸습니다. 독립한 지 3년 만에 사업은 두 배의 규모로 커졌습니다. 자녀도 원하던 학교에 진학하고, 집안 분위기도 훨씬 화목해졌습니다. 그동안 친구로 인해 억눌리고 막혀 있던 T씨의 운이 비로소 제자리를 찾은 것이랍니다.

일찍이 공자는 "자신보다 못한 자를 벗으로 삼지 말라"고 말했습니다. 여기서 '못한 자'라 함은 인의와 신의 등 기본적인 인성을 갖추지 못한 사람을 뜻합니다. 상대방의 사회적 지위나 재산과는 아무 관계가 없습니다.

그리고 명심해야 할 일은 말과 행동이 폭력적인 사람과는 절대로 교유를 해서는 안 된다는 것입니다. 세상에는 근본이 금수와 같은 사람이 매우 드물게 존재합니다. 이들과의 관계는 말 그대로 악연입니다. 이런 사람들과는 연을 끊는 것만이 정답이랍니다.

그러나 세상살이의 악연들 가운데는 여간해서 끊기 힘든 인연들도 있습니다. 칼로 무 자르듯이 냉정하게 돌아서기에는 현실적으로 복잡하게 얽혀 있는 인연들이 무수히 많답니다. 가족, 친척, 회사 동료, 오래된 친구와의 관계를 일시에 파탄 내기는 어렵지요. 이런 지연, 학연, 혈연 관계에 얽힌 악연은 어떻게 대처하는 것이 현명할까요?

악연은 일반적으로 어느 정도 인생의 단맛을 준답니다. 이런 단맛은 우리의 마음 깊은 곳에 자리한 연민과 죄책감 등의 감정과 연결되어 있습니다. 그래서 한번 길들여지면 정말 끊어내기가 힘들어지지요. 게다가 우리의 마음속에 격렬한 분노나 증오의 감정을 알게 모르게 키우도록 하는 것이 악연이 가진 중요한 특징입니다.

일단 끊기 힘든 악연이라면 반드시 일정한 거리를 유지하고 지내야 합니다. 그 사람 생각을 계속하는 것부터 멈춰야 합니다. 그 사람을 생각하면서 힘든 감정을 느끼는 것은 악연에 나쁜 에너지를 계속 공급하는 것과 다를 바가 없답니다. 사람의 에너지는 한정되어 있는데 악연에 쏟아붓는다는 것은 삶의 다른 부분에도 악영향을 미치게 되지요.

좋은 인연끼리 좋은 운을 주고받으며 살기에도 우리의 시간과 에너지는 늘 부족하답니다. 반복적으로 떠오르는 악연에 대한 생각을 멈추고, 기분 좋은 일이나 마음이 편안해지는 일과 사람에 에너지를 집중해보세요.

다음으로 서로 부딪치게 되는 자리에서는 어떻게 해야 할까요?

일단 최대한 관심을 거두고, 스스로 마음을 괴롭히는 일은 피해야 합니다. 일부러 좋게 보려고 노력할 필요는 없습니다. 이성적이고 객관적인 시선을 유지하는 게 중요합니다. 상대방의 입장을 이해하려고 하지 마세요. 비록 얼굴을 맞대고 있다고 하더라도 멀고 먼 마음의 거리에서 쳐다본다고 생각하세요. 보기 흉한 무엇을 살짝 봤다는 느낌으로 지나쳐 버리는 게 좋습니다.

그래도 가슴이 뛰고 마음이 진정되지 않는다면 얼굴에 미소를 지으며 심호흡을 하는 것이 좋답니다. 그리고 혼자 있는 시간을 가지면서 긴장을 이완시키고 마음의 분노가 가라앉기를 기다리세요.

좋은 인연이든 나쁜 인연이든 한 가지 공통점이 있답니다. 상대방을 내가 원하는 모습으로 고치겠다는 생각은 결코 행운을 불러들이지 못합니다. 이런 경우는 대개 상대방의 장점을 과대평가하거나, 혹은 상대방의 단점을 과소평가할 때 저지르기 쉬운 잘못이랍니다.

어느 순간, 혹은 알게 모르게 가족이나 주변 사람들로 인해 인간관계에 멀미가 날 때가 있습니다. 이럴 때는 상대방은 물론 나 자신을 한번 돌아보는 기회와 시간을 가진 거라고 생각하세요. 혹시 나에게 잘못이 있다면 상대방을 손가락질할 게 아니라 내 마음을 치유하는 게 먼저랍니다. 악연의 원인이 내게 있다면 앞으로도 계속 악연을 만나게 될 테니까요.

 좋은 인연은 어떤 시기라도 행운을 키웁니다. 반면 나쁜 인연은 운이 좋은 시기에도 겨우 큰 화를 면하는 정도로 행운을 축소시킵니다. 악연은 서로가 원래 가진 행운마저 멀리 떠나가게 한답니다.

♦ 행운의 법칙 ♦
끊기 힘든 악연은 일단 멀리하라.

사람의 장점과 단점은 동전의 양면이다

누구한테라도 모든 것이 완전하기를 요구하지 않는다 — 논어

•

無求備於一人
무구비어일인

운이 좋은 사람, 특히 인복이 좋은 사람들이 삼가는 말이 있습니다.

"그 사람은 다 좋은데 그게 문제야."

세상에 완벽한 사람은 존재하지 않습니다. 누구나 장단점을 고루 가지고 세상을 살아가지요. 한 사람이 가진 단점을 뒤집으면 장점으로 작용하는 경우도 많습니다.

그런데 인복이 없는 사람들은 상대의 장점은 취하지만 단점은 가

차 없이 지적하고 비난합니다. 심지어는 인간성을 들먹이며 수준 이하의 인간으로 끌어내리기를 서슴지 않습니다.

우리가 쉽게 저지르는 잘못 가운데 하나가 상대를 부정함으로써 자신을 긍정하려는 태도입니다. 상대를 부정한다고 다른 사람들이 당신을 긍정하게 될까요? 그렇지는 않지요. 오히려 당신 안으로 불운을 끌어들이는 힘으로 역작용을 하게 되는 경우가 대부분입니다.

행운은 스스로 긍정하는 사람을 찾아옵니다. 인복이 좋은 사람은 스스로를 긍정할 뿐 아니라 남의 단점도 장점으로 바꾸어버리는 힘이 있습니다.

"사람이 그럴 수도 있지. 누구는 실수를 안 하고 사나?"
"그 대신 그 친구는 그런 장점이 있잖아."

이른바 인복이 많다는 사람은 인간관계에서 상대의 장점에 초점을 맞추어 이야기합니다. 어떻게 해야 그 사람의 장점을 잘 키우고 활용할지에 대해 생각하지요. 아울러 그 사람이 지닌 장점으로 인해 얻은 이득에도 항상 감사해 합니다.

물론 인복을 키우기 위해 무조건 남의 단점을 무시하거나 덮으라는 뜻은 아닙니다. 그러나 남의 단점을 무리하게 고치겠다고 나서지 않는 게 지혜로운 행동입니다. 자칫하면 서로 감정만 상하고, 상대방의 반발만 사게 될 테니까요.

《채근담》에도 이런 말이 나옵니다.

"나의 장점을 들어 남의 단점을 찌르지 마라."

인간은 각각 있는 그대로 완전한 존재이기에 그것을 이해하고 단점을 용인하는 것이 중요하다는 이야기입니다. 내 방식대로 상대를 재단하고 고치려 하기보다는 있는 그대로 바라보고 인정하는 태도가 바람직합니다.

가장 중요한 나 자신과의 관계에 있어서도 마찬가지입니다. 누구나 자기 자신의 성격 또는 습관이 마음에 들지 않을 수 있습니다. 자신의 단점만 고치면 지금보다 훨씬 나은 인생을 살아갈 수 있을 거라고 막연히 생각하는 사람도 많답니다.

하지만 운의 과학에는 장점 하나가 열 가지의 단점을 덮을 만한 행운을 불러온다는 법칙이 있답니다. 즉 자신의 시간과 에너지를 장점을 키우는 데 집중하라는 뜻입니다.

법을 어기거나 사회적인 물의를 일으키는 일 말고는 사람의 장단점이란 대개 가치관이나 스타일의 차이일 경우가 많습니다. 그럴 경우 그 사람만의 개성이나 매력으로 인정하고 평가해주는 게 좋습니다.

그리고 보다 완벽한 인간이 되기 위해 내면의 욕구를 무시하거나 억누르면 행운도 달아날 뿐이라는 사실도 명심해야 합니다.

이제 당신은 살아갈수록 더 당신다워져야 합니다. 이 '당신다움'에서 장점만 챙기고 단점만 쏙 빼놓는 것은 불가능합니다. 당신에게 장점과 단점은 동전의 양면이니까요.

당신의 당신다움을 인정하고 사랑하세요.

◆ 행운의 법칙 ◆
나의 장점을 들어 남의 단점을 찌르지 마라.

내 운은 내가 만드는 운명의 원리

노력해도 결과가 보이지 않으면 자신을 다시 돌아봐야 한다 — 맹자

◆

行有不得者皆反求諸己

행유부득자개반구저기

"열심히 했는데, 운이 나빴어."

"운이 따라주지 않았어. 객관적인 조건은 우리가 앞섰는데 말이야."

최선을 다했는데 결과가 좋지 않을 때 우리는 '운'의 탓으로 돌리는 경우가 많습니다. 개인의 능력 이외의 요인들이 도와주지 않았다는 원망이 담겨 있지요. 운의 영역으로 인정할 만한 요인으로는 타인의 조력, 타이밍, 환경의 변화 등 셀 수 없이 많을 겁니다.

우리가 생각하는 운의 요인은 하늘의 별만큼이나 많겠지요. 이제 운과 관련지어서 세상일을 단순하게 두 가지로 나누어보겠습니다.

운이 좋은 일과 운이 나쁜 일. 이 두 가지를 가르는 기준은 무엇일까요? 바로 우리의 마음가짐입니다.

"운이 없다"고 불평하는 사람들의 생각, 말, 행동에는 공통적인 요소와 일정한 패턴이 있습니다. 스스로 "운이 좋다"고 외치는 사람들에게도 당연히 공통점이 존재합니다.

이 말은 무엇을 의미할까요? 운의 영역이 불규칙의 세계가 아니라 규칙의 세계임을 뜻합니다. 운의 영역은 규칙이 지배하는 과학의 세계라는 말입니다.

'나의 운은 내가 만든다'는 운명의 원리도 일정한 규칙과 법칙을 전제로 성립하는 것이지요. 행운을 부르기 위해서는 먼저 이런 사실을 직시해야만 합니다. 원인이 없는 결과가 없고, 뿌린 대로 거둔다는 우주만물의 법칙이 바로 운의 법칙이니까요.

운의 영역에 속하는 요인들은, 우리가 알 수도 움직일 수도 없는 것처럼 보입니다. 그런데 내가 모른다고 존재하지 않는 것은 아니지요. 내가 못한다고 모든 사람도 못 하라는 법도 없습니다.

실제로 운의 원리에는 일정한 규칙과 방향성이 있기 때문에 자신한테 유리하게 흘러가도록 하는 방법이 있습니다. 반대로 잘못하면 나쁜 방향으로 흘러갈 수도 있는 겁니다. 때문에 어떤 결과 앞에서도 다른 무엇을 탓해서는 안 됩니다. 살아가는 동안 경험하는 행운과 불운에 대해 책임질 사람은 자신뿐이라는 사실을 언제나 잊지 말아야 합니다.

인간이 자신의 삶과 마음을 100% 완벽하게 행운만 만나도록 통제한다는 것은 불가능합니다. 세상을 살아간다는 것은 한 손에는 행운, 한 손에는 불운을 쥐고 먼 길을 가는 것입니다. 그래서 때로는 행운을 만나고, 때로는 불운을 만나게 되지요. 어느 것을 더 많이 만나느냐는 전적으로 당신의 손에 달려 있습니다. 자신의 타고난 행운을 절반 이상만 잘 활용해도 당신의 인생은 믿기 어려울 만큼 활짝 꽃을 피울 수 있을 것입니다.

능력이 탁월한 사람이 아무리 노력해도 원하는 결과를 얻지 못하는 때가 있습니다. 이른바 운이 좋지 않은 시기를 만난 것이지요. 이때 어떤 생각과 판단을 하느냐에 따라 행운과 불운의 갈림길에 서게 됩니다. 운이 좋은 사람은 자신을 돌아보고, 운이 나쁜 사람은 남을 돌아보지요.

운이 좋은 사람은 자신에게서 불운의 원인을 찾습니다. 잘못된 결정, 자본 부족, 인사 문제 등 여러 문제를 두루 살펴봅니다. 개인마다 불운을 불러들이는 패턴이 정형화되어 있기 때문에 자신의 문제를 반드시 찾아내지요.

그리고 자신의 내면을 돌아봅니다. 행불행을 부르는 감정의 상태를 점검하는 것입니다. 불운이 왔을 때는 불안, 의심, 두려움, 피해의식, 죄의식 등 부정적인 기운이 감정을 지배할 때가 대부분입니다.

이런 감정 상태는 대부분 무의식에서 비롯된 것이기 때문에 일반인이 관찰자의 시선으로 자신의 내면을 들여다본다는 것은 어려운 일입니다. 그럼에도 불구하고 무의식에 주목해야 하는 이유는 미래의 불운을 예방하고 행운을 불러들이는 가치 있는 작업이기 때문입니다.

이 작업을 통해 무의식의 부정적인 기운이 의식 위로 떠오르면 그 힘을 잃기 때문에 불운을 겪지 않으며, 혹시 겪는다 해도 그 강도는 아주 약한 상태랍니다.

운이 없다고 느껴지는 시기가 왔다면 나를 돌아보고 성찰하는 기회로 삼아야 합니다. 불운을 부르는 '내 안의 나'를 인정하고, 이해하고, 그리고 사랑하는 마음으로 멀리 떠나보내야 합니다.

그래야 운이 좋은 시기에 크게 성장하고, 또 자신감을 가지고 행운을 반갑게 맞이할 수 있으니까요.

◆ 행운의 법칙 ◆
뿌린 대로 거둔다는 운의 법칙을 명심하라.

선연으로 시작했다가 악연으로 끝나는 이유

먼 길을 가봐야 말의 능력을 알고 사람의 마음도 지나봐야 안다 ─사림광기

•

路遙知馬力日九見人心
노요지마력일구견인심

"그 사람이 그런 사람일 줄은 10여 년을 만나면서도 전혀 몰랐어요."
"어떻게 다른 사람도 아니고 이 친구가 제게 이럴 수 있죠?"

한 번쯤 어디서 들었다거나, 아니면 자신이 한탄조로 했음 직한 말입니다.

사람과 사람 사이에는 인연이란 게 있습니다. 물론 이 인연도 서로의 운에 따라 변화를 겪게 되지요. 하지만 유감스럽게도 악연이 선연으로 바뀌는 일은 거의 없습니다. 다만 선연이 악연으로 뒤집히는 일은 종종 일어나곤 합니다.

한때 사이가 좋았던 사람들이 헤어진 다음 원수로 돌변하는 경우를 흔히 볼 수가 있지요. 가까웠던 관계일수록 헤어질 때는 더 큰 분노와 배신감에 치를 떨게 됩니다. 늘 함께하면서 아끼고, 사랑하고, 기대했던 사람이어서 상처는 더 클 수밖에 없기 때문이겠지요. 일반적으로 0세~12세까지 대운의 시기에 어린아이였던 우리는 주위 사람들에게 과도한 기대를 하고, 이 기대가 산산이 부서지는 경험을 하게 됩니다. 그리고 그 경험이 일어났던 소운이 나중에 다시 돌아오면 같은 아픔을 되풀이하게 하는 결정을 내리게 된답니다.

그리고 세상에는 좋은 인연만 존재하지 않는다는 게 운의 원리입니다. 인간에게 이로운 동물과 식물만 세상에 존재하란 법은 없습니다. 한쪽에 이로우면 다른 쪽에는 해로운 게 자연의 섭리 아니던가요?

우리가 살아가면서 맺게 되는 다양한 관계만큼이나 인연도 여러 가지입니다. 같은 취미 활동을 하면서 재미를 함께 나누는 인연, 돈과 관련된 비즈니스를 함께하는 인연, 혈연으로 맺은 가족의 인연, 힘들 때 따뜻한 위로를 나누는 인연, 우정을 나누거나 좋은 가르침을 주는 인연 등등.

대부분의 사람들이 세상살이에서 인간관계를 가장 힘들어하지요. 좋은 인연 나쁜 인연이 교차하는 동안 올바른 판단을 내리기가 힘들기 때문입니다. 우리가 일상에서 마주치는 여러 가지 인연 가운데 좋은 인연만을 선택하기란 정말 어려운 일입니다.

많은 사람들이 오래된 인연을 토대로 함께 사업을 시작하거나, 아니면 사업을 하면서 새로운 인연을 만들어가기도 합니다. 좋은 관계를 유지하기도 하지만 나쁜 인연으로 귀결되는 경우가 많습니다. 예를 들면 친구가 믿을 만한 정보라며 투자를 권할 때 덥석 물었다가 큰 손실을 입을 때도 있습니다.

왜 이런 경우가 생기는 걸까요? 친구가 당신과 금전적으로 좋은 인연인지 어떤지를 충분히 살펴보지 않고 내린 결정 때문이랍니다. 대부분의 경우 자신이 운이 좋지 않은 시기에 잘못된 결정을 내려 돈 잃고 친구 잃는 어리석음을 범하지요. 제대로 된 선택을 했더라면 좋은 인연으로 남았을 관계가 악연으로 끝맺음을 하는 것이지요. 이처럼 좋은 인연으로 시작했다가 악연으로 끝나는 경우가 가장 뼈아픈 실책입니다.

많은 사람들이 악연의 함정에 쉽게 빠지는 이유가 바로 상대방에 대한 과도한 기대 때문이랍니다. 먼저 주거나 베풀기보다는 받기만을 바라는 마음이 자신의 눈을 멀게 한 결과입니다.

인연법에서는 악연을 피하고 좋은 인연을 만날 수 있는 방법으로 평소에 '뭔가를 준다, 혹은 베푼다'는 마인드를 가지는 게 중요하다고 가르칩니다. 좋은 인연일수록 '이제부터는 내가 더 많은 것을 주자'는 마음을 가지고 대하면 더 큰 행운을 끌어다 쓸 수가 있습니다. 그렇지 않고 내가 주는 대로, 또는 그 이상으로 바라는 마음이 강하다면 선연을 악연으로 되돌리는 결과를 가져온답니다.

그렇다면 좋은 인연을 만나는 방법은 없을까요? 어떤 중요한 결정을 내릴 때는 항상 자신의 운이 좋은 시기인가 아닌가를 먼저 살펴보아야 합니다. 그런 다음에 상대방과의 인연의 의미를 깨닫기를 원한다면 자신의 내면을 들여다봐야 합니다. 상대방이 내 마음에 어떤 감정을 불러일으키는지, 그리고 두 사람 사이에 있었던 사건의 교훈을 되새겨 보아야 합니다.

이런 겸허한 자세와 마음으로 자신을 돌아보면 잘 보이지 않던 것들이 하나씩 보이게 될 것입니다. 아울러 좋고 나쁜 인연을 만드는 주인공은 결국 나 자신이라는 평범한 깨달음을 얻게 될 것입니다.

◆ 행운의 법칙 ◆
좋고 나쁜 인연을 만드는 주인공은 자신이다.

기대가 크면
상처도 깊다

남의 허물과 비밀이나 잘못은 말하지 않아야 한다 — 채근담

◆

不責人小過不發人陰私不念人舊惡
불책인소과불발인음사불념인구악

"아내가 막무가내로 이혼을 하자고 하네요. 아내의 마음을 달래줄 좋은 방법이 없을까요?"

"친구에게 담배를 끊으라고 권했다가 오히려 친구 사이가 끊어졌습니다."

"술김에 한 얘기가 부장님 귀에 들어가서 회사 생활이 영 죽을 맛입니다. 출셋길까지 지장이 있지 않을까요?"

대부분의 사람들이 인간관계에서 잘못할 때도 있고, 또 실수를 저지르기도 한답니다. 그런데 사소한 일로 시작해 심각한 상황에

빠지는 경우에는 정말 대책이 없지요. 특히 배우자, 가족, 가까운 친구 등 자신에게 중요한 사람과의 사이에서 이런 일이 발생하게 되면 거의 회복할 수 없는 상처를 받기도 한답니다.

그만큼 서로에게 거는 기대가 크기 때문에 상처도 깊지요. 사회생활에서 성공한 사람들에게도 가족 문제만큼은 쉽게 풀 수 없는 난제입니다. 이처럼 가족을 비롯한 가까운 관계에서 발생할 수 있는 위기 상황을 방지하려면 어떻게 해야 할까요?

첫째, 기대치를 무한대에서 유한대로 낮추는 것입니다.

기대치가 높으면 높을수록 갈등을 일으키고 상처를 주고받을 공간은 자꾸 커지기 마련이지요. 아무리 가족이라도 너무 많은 기대를 하면 서로의 운을 가로막는 결과를 가져온답니다. 그러나 부모의 기대대로 행동하지 않는 자식들이 오히려 스스로의 운에 따라 좋은 길을 가고 있는 경우도 실제로 많이 본답니다.

둘째, 인간은 완벽하지 않다는 사실을 인정해야 합니다.

인간은 완벽하지 않고, 또 완벽하려고 노력할 필요도 없습니다. 있는 그대로의 자기를 인정하고 사랑하는 게 중요하니까요. 그리고 누구나 실수를 합니다. 세상에 단점 없는 인간은 없으니까요. 그런 단점과 실수도 상대방이 가진 장점의 뒷면이라고 생각하는 게 바람직하지요. 그러니까 상대방의 장점은 높이 평가하고, 단점이나 실수에는 너그러움을 보여주세요.

셋째, 상대방에 대한 충고는 믿음을 얻은 다음이라도 심사숙고하는 게 좋습니다.

상대방이 정말 고쳤으면 좋겠다고 생각되는 점이 있다면 어떻게 하는 게 좋을까요? 우선 참고 참았다가 진정으로 사랑을 담아 말하되, 그것도 세 번을 넘기지 않아야 합니다. 그래도 고쳐지지 않으면 있는 그대로 받아들이는 게 현명합니다. 특히 화가 났을 때 상대방의 단점을 지적해 상처를 주는 행위는 참으로 비열한 행동임을 명심하세요.

넷째, 남의 비밀이나 사생활을 함부로 입에 올리지 않는 게 좋습니다.

운명학에서 이야기하는 인간의 '격'이라는 것이 있습니다. 이는 사람의 외면적인 것들보다는 내면의 품성에 초점을 맞춘 '인간의 품격'입니다. 이른바 '귀격'은 절대로 남의 뒷담화에 참여하지 않고, 또 입이 무겁답니다. 그러나 일반적으로 대화를 할 때면, 상대방의 좋은 점보다는 주로 단점을 화제에 올리기가 쉽습니다. 남의 단점을 꼬집어 깎아내린다는 것은, 그것으로 자신의 우월감을 과시하려는 열등감의 표현일 뿐이지요. 특히 친한 사람의 사생활이나 비밀을 화제로 올리는 행위는 심각한 후유증을 남긴답니다. 이런 것이야말로 인간에 대한 믿음을 깨뜨리고 결국 인복을 갉아먹는, 스스로에게 도움이 되지 않는 행동입니다. 입이 가벼운 사람은 어려울 때 곁을 지켜주는 사람이 없다는 사실도 잊지 말아야 합니다.

다섯째, "너는 하는 일이 항상 그렇잖아!"라는 표현으로 낙인을 찍어서는 안 됩니다.

사랑하고 가까운 사람일수록 말을 가려가며 하는 게 인륜에도 맞는 일이랍니다. 상대방에 대한 부정적인 인식과 예단은 결국 그런 행동을 부추기는 역할밖에 하지 못합니다.

인간은 끊임없이 변화하는 존재입니다. 우리 몸 안의 세포들이 생성과 소멸을 거듭하듯 인간은 매 순간 새롭게 태어납니다. 매 순간, 스스로 자신의 운명을 바꿀 기회가 주어지는 셈이지요. 행운을 얻기 위해서는 다른 사람의 변화를 바라기 전에 당신의 변화를 먼저 요구해야 합니다.

당신의 변화만이 행운을 불러내는 힘이 될 것입니다.

◆ 행운의 법칙 ◆
있는 그대로의 자신을 인정하고 사랑하라.

인복이 좋은 사람은 따로 있다

어떤 일도 자신의 역량을 잘 헤아려 행동하면 오래가며 실패하지 않는다 —이수광

◆

凡事 量力而行 則可久而不敗

범사양력이행즉가구이불패

"저는 부족한 면이 많은 사람입니다. 학벌이 그렇게 좋은 것도 아니고, 평범한 집안에, 발이 그렇게 넓은 것도 아닙니다. 그런데 제가 사업에서 큰 성공을 거둘 수 있다고 말씀하시는 근거는 무엇인지요?"

오래전, 직장을 그만두고 사업을 해보려고 했지만 여러 가지로 자신이 없었던 C씨가 컨설팅을 받기 위해 찾아왔습니다.

"물론 사업 성공에 필요한 조건을 두루 갖춘 건 아닙니다. 그런데, 사업가로 성공하는 데 가장 중요한 자질을 하나 가지고 있어요. 능력이 있

는 사람을 부릴 수 있는 운이 뛰어나다는 것입니다."

저는 C씨의 사업 성공을 확신하며 말했습니다. 그는 제 말에 용기와 자신감을 얻었다며 사업을 시작했습니다. 그리고 제 말대로 능력 있는 아랫사람을 통해 사업상 필요한 자본, 인력 문제 등이 쉽게 풀려나갔습니다. 사업 아이템 선정부터 영업 전략에 이르기까지 여러 사람의 도움에 힘입어 회사는 승승장구했습니다.

마침내 천억 원대의 매출을 달성한 그는 한 언론 인터뷰에서 성공의 비결에 대해 다음과 같이 말했습니다.

"여러 가지로 운이 좋았습니다. 많은 분들의 도움을 받아 이 자리까지 왔지요."

《손자병법》에 '용장은 지장을 이기지 못하고, 지장은 덕장을 이기지 못하고, 덕장은 복장을 이기시 못한다'라는 말이 있습니다. 용기도, 지략도, 인덕도 결국 좋은 운을 이기지 못한다는 뜻으로 풀이할 수 있습니다.

제가 만난 복장들을 보면, 지나친 열정을 과시하기보다는 우직하게 자신의 길을 고수하는 사람들이 대부분입니다. 뱃심이 두둑해 주변의 변화에 쉽게 동하지 않는 공통점을 가지고 있습니다. 동시에 큰 흐름을 살피며 유연하게 대처하려는 노력도 끊임없이 하구요.

그들은 주변에 많은 것을 베풀면서도 스스로 받는 것이 훨씬 더 많다는 생각에 항상 감사하는 마음도 가지고 있습니다. 회사의 목표를 결정할 때도 최고를 지향하지만, 처음의 목표를 끝까지 고집하지는 않지요. 목표가 정해지면 무조건 앞만 보고 달려가는 공격적인 경영보다는 타이밍을 보며 기다리는 '기다림의 경영'에서 장점을 보여줍니다.

맹수가 먹잇감을 쫓지 않고 가만히 기다렸다가 한순간에 숨통을 끊어놓는 것과 같습니다. 최적의 타이밍에 최소의 힘과 노력으로 먹잇감을 낚아채지요. 저는 그들을 '운장'이라고 부릅니다. 운이 좋은 장수라는 뜻입니다.

운장은 스스로가 잘난 사람이 아닙니다. 주변에 항상 운이 좋고 능력이 출중한 사람들이 모여들지요. 이를 위해서는 스스로의 약점을 인정하고, 이를 보완하는 상대를 만났을 때 인정하고 굽힐 줄 아는 자세가 중요합니다. 유비가 삼고초려를 하며 천하의 재사 제갈량을 얻어 자신의 뜻을 펼쳤듯이 말입니다.

'그릇이 큰 사람은 작게 받아들일 수 없고, 그릇이 작은 사람은 크게 받아들일 수 없다'는 말이 있습니다. 일반적으로 사람들은 자신보다 뛰어난 상대를 만나면 그의 재능을 시기하거나, 자신의 장점과 비교하며 애써 무시하기 바쁩니다. 그런다고 상대가 갑자기 자기보다 못난 사람이 될 리는 없지요.

당신이 진정한 운장이 되려면 상대의 장점을 인정하고 취할 줄 알아야 합니다. 다른 사람의 무엇과 비교해서 자신이 잘났거나 자신이 못났다고 평가를 내리는 것만큼 어리석은 짓은 없습니다. 이런 마음가짐으로 자신을 과대평가하거나 과소평가해서는 결코 행운을 불러들이지 못하지요.

나는 나대로, 너는 너대로.

이런 생각이야말로 행운을 얻는 지름길이랍니다.

◆ 행운의 법칙 ◆
자기보다 뛰어난 상대는 크게 인정하라.

세상에
완벽한 사람은 없다

인간은 각자 할 수 있는 게 있고, 할 수 없는 것도 있다—춘추좌전

人各有能有不能

인각유능유불능

　누군가 자신을 비난하거나 손가락질하는 데 기분 좋을 사람은 없습니다. 특히 감추고 싶은 약점을 들추어내고 놀리면 견디기 힘든 모욕감을 느끼게 되지요.

　인터넷과 페이스북 등 SNS가 생활화되면서 이런 일로 스트레스를 받거나 지울 수 없는 상처를 안고 사는 사람들이 의외로 많습니다. 원치 않은 사생활 노출로 인해 상처를 받기도 하고, 또 사소한 실수로 인해 무차별적인 공격을 당하기도 합니다.

　운의 과학에서 보면 이때가 구설수에 오를 시기라는 것입니다. 사소한 일이 입소문으로 퍼지면서 침소봉대되는 등의 경우를 말하

지요. 만약 이 시기에 매스컴에 등장했다면 한 차례 홍역을 치를 각오를 단단히 해야 합니다.

자신이 일하는 업계에서 눈부신 활약을 하며 두각을 나타낸 열정적인 커리어우먼의 경우를 한번 볼까요? 성공담이 각종 언론 매체에 소개되면서 본인이 감당하기 힘들 정도로 마음고생을 한 케이스입니다.

성공을 향해 종횡무진 달려온 그녀는 매스컴에 등장하는 순간 빗발치는 비난의 화살을 맞아야 했습니다. 매스컴에서 그녀의 이야기를 약간 과장되게 소개한 게 빌미를 준 것이지요.

그때부터 이른바 '신상털기'를 통해 이런저런 사생활이 도마에 오르고, 외모에 대해서 비난을 퍼붓는 악플에 시달려야 했습니다. 나중에는 인터넷에 퍼진 사생활이 기사화되고, 다시 악플들이 꼬리를 물고, 다시 그 악플이 기사화되는 악순환이 계속되었지요.

그녀의 직업상 잠적하거나 무시하기는 곤란한 상황이었습니다. 또 그녀의 성격과 운을 고려했을 때, 무대응보다는 적극적으로 행동하는 전략이 낫다는 판단을 했습니다.

일단은 당분간 인터넷 접속을 차단하고, 악플도 더 이상 읽지 말라고 조언을 했습니다. 그리고 일과 생활 두 가지 측면에서 적극적인 변화를 꾀하라고 요구했습니다. 어차피 구설수를 겪는 시기이므로 차라리 좋은 구설을 만들어 대응하자는 전략이었지요.

먼저 그녀는 비난의 표적이 된 외모부터 변화를 시도했습니다.

머리와 얼굴 메이크업을 비롯해 의상 스타일까지 바꾸면서 이전과는 다른 차분한 분위기로 변신을 했지요. 그리고 다이어트를 하면서 좋은 이미지를 만들기 위해 많은 노력을 기울였습니다.

그리고 일에서는 사회에 봉사하는 프로젝트를 시도하는 게 좋겠다는 조언을 했습니다. 마침 그녀와 인연이 있는 사회봉사단체와 연결되어 사회적인 봉사활동도 적극적으로 할 수 있게 되었습니다. 그러자 시간이 지나며 그녀에 대해 새로운 소문이 돌기 시작했습니다.

"언제 저렇게 예뻐졌지? 분위기가 완전 달라졌는데."
"요즘 좋은 일도 많이 한다던데."

듣기만 해도 즐거운 소문들이 그녀의 귀에도 들려오기 시작했습니다. 악몽 같았던 시간들이 지나가고 있었던 것입니다. 한번 구설수를 심하게 겪은 그녀는 이전보다 자신에게 더 당당해졌습니다. 이제 자신의 결점까지도 보듬어 안았으니까요.

구설수에 오르는 것도 조심해야 하지만, 구설수에 올랐을 경우에 지혜롭게 대처하는 자세가 더 중요합니다. 부자 몸조심하듯 잘나갈 때일수록 몸과 마음을 삼가는 겸손한 자세가 필요합니다.

사람에게는 누구나 드러내고 싶지 않은 결점이 있습니다. 세상에 완벽한 인간이란 있을 수가 없지요. 그러니까 스스로 완벽하지 않다는 사실을 인정하는 게 중요합니다. 완벽한 사람이 되려고 노력할 필요도 없습니다. 스스로 약점이나 결점을 자연스럽게 드러내는 것도 괜찮은 방법입니다.

한창 인기몰이를 했던 개그콘서트의 〈네 가지 코너〉에 등장하는 개그맨들을 볼까요? 인기 없는 남자, 키 작은 남자, 촌스러운 남자, 뚱뚱한 남자 등이 자신의 약점을 드러내고 당당하게 외칩니다.

"그래, 나 그렇다. 어쩔래!"

누가 이들에게 손가락질을 할 수 있나요? 오히려 자신에게 당당한 이들에게 행운은 넝쿨째로 굴러 들어간답니다.

♦ 행운의 법칙 ♦
자신의 결점과 약점을 당당하게 인정하라.

부모복은
만복의 근원이다

옳지 못하거나 잘못한 일을 고치도록 말하지만 거스르지는 않는다 — 공자

諫而不逆

간이불역

"오늘 강연 잘 들었습니다. 특히 '운명은 정해진 것이 아니며, 행운은 내 안에서 만들어지는 것이다'라는 내용이 아주 감명 깊었습니다. 그런데 부모복의 경우는 어떻게 생각해야 할까요? 태어날 때부터 내 선택과 상관없이 이미 정해진 부모님의 복덕은 제가 만들어나갈 수도 없는데 이미 정해진 것이 아닐까요?"

한 기업체에서 임원들에게 강의를 마친 뒤, 그 회사의 CEO가 저에게 한 질문입니다. 언뜻 듣기에도 그렇고, 논리적으로도 맞는 말입니다. 태어날 때 정해진 성별과 국가처럼 부모 역시 다른 사람으

로 바꿀 수 없기 때문입니다.

하지만 그럼에도 불구하고 대답은 '아니다'입니다. 놀랍게도 많은 사람들이 잘 모르고 지나치는 행운 가운데 하나가 바로 이 '부모복'입니다. 부모복은 어머니복과 아버지복으로 나뉘고, 정신적인 혜택, 인맥, 명예, 재물 등으로 분류합니다. 명리에서는 '복'과 '덕'으로 구분하기도 하는데 여기에서는 포괄적인 의미만 살펴보도록 하겠습니다.

일단 부모님께 감사하고 사랑하는 마음을 가지지 않는 사람은 없다는 전제를 가지고 이야기를 풀어가지요. 부모복을 잘 활용하기 위해서 감사와 사랑 외에 어떤 마음가짐이 필요할까요?

부모복을 온전히 받으려면 부모님의 잘잘못을 가리지 않는 태도가 가장 필요합니다. 《예기》에 나오는 말처럼 설혹 부모님이 옳지 않은 판단을 하더라도 거역하거나 반항하지 말아야 합니다. 물론 자신의 생각과 입장은 얼마든지 전할 수가 있습니다.

부모님 역시 완벽하지 않은 인간임을 인정해야 합니다. 연세가 점점 많아지면서 실수와 잘못을 저지르는 것은 어쩌면 당연한 일입니다. 그런데 부모님의 실수를 비난하거나, 두 번 세 번 거론하는 것은 자식 된 도리가 아니지요. 한 번쯤은 자신의 의견을 개진하더라도 되풀이하는 것은 바람직하지 않습니다.

다음으로는 어떤 상황에서도 '부모님 덕분이다'라는 태도를 가져야 합니다. 고객의 사례를 들어보기로 하지요.

L씨는 의료인 집안의 외아들입니다. 아버지와 어머니, 할아버지, 친척들의 대부분이 의료계에 종사하는 의사 집안 출신이랍니다. 집안에서는 그가 의대에 진학하여 가업을 잇는 것이 당연하다는 분위기였지요.

그러나 그는 대학에 진학할 때 경영학을 공부해 장차 사업가가 되겠다는 뜻을 밝혔습니다. 집안이 발칵 뒤집어졌음은 물론이고, 가족 간 갈등의 골도 깊어졌습니다. 대학에 들어간 다음에는 집에서 쫓겨나다시피 했습니다. 아버지의 눈 밖에 나는 바람에 대학 시절 내내 고생을 했지요. 집 밖에서 생활하는 등 갖은 우여곡절을 겪기도 했습니다. 하지만 자식 이기는 부모 없다고 결국 아버지는 당신의 뜻을 꺾고 후원자가 되어주었습니다.

L씨는 어린 나이에 사업을 시작해 비교적 순조롭게 사업체를 키운 비결을 "모두 부모님 덕분이다"라고 말합니다. 부모님의 반대를 무릅쓰고 자신의 의지를 실천하는 과정에서 신념을 키울 수 있었다는 것입니다. 웬만한 어려움은 돌파할 수 있는 자신감도 기를 수 있었다고 합니다.

그런 L씨에게 부모님도 전폭적인 신뢰를 보내주었지요. 부모님에 대한 감사함과 책임감은 사업이 승승장구하는 원동력으로 작용했다고 이야기합니다. 부모님과의 대립으로 겪었던 고통과 상처조차 모두 '부모복'으로 받아들인 것입니다.

L씨가 사업을 할 때 부모님 연배의 주위 사람들로부터 많은 도움

을 받은 것도 이런 마음가짐 덕분이었습니다.

　당신은 부모님이 "자식복이 있다"고 자랑할 만한 자식입니까? 부모복을 바라는 자식이라면 당연히 부모에게도 자식복을 안겨드려야 합니다. 꼭 물질적인 것이 아니더라도 당장 부모님께 정신적인 행복감을 드릴 수는 있습니다.

　인연법에서는 부모복과 자식복은 같은 의미라는 사실을 명심하세요.

◆ 행운의 법칙 ◆
부모님의 잘잘못을 가리지 않는 마음이 중요하다.

가족은
운을 나누는 공동체

하늘의 도리는 거짓이 없다―춘추좌전

•

天道不搯

천도부도

동서고금을 막론하고 통용되는 행운의 원리가 있습니다. 지금까지 4만여 명의 운에 대한 데이터를 연구하고 정리한 귀납적인 원리를 통해 확인한 사실입니다.

제가 만난 사람들 가운데 대한민국 1% 안에 드는 사람들은 대표적으로 '운이 좋은' 사람이라고 말할 수 있습니다. 그들은 입에 금수저를 물고 태어나지 않았음에도 후천적으로 행운을 누리며 사회적인 명성과 부를 쌓은 사람들입니다. 말 그대로 자수성가한 사람들이 대부분이지요.

운이 좋은 사람들의 데이터는 놀랍게도 거의 비슷한 결과를 보여줍니다. 그들의 공통점은 무엇일까요? 바로 가족운이 좋다는 것입니다.

운의 과학에서 가족은 재산, 감정, 가치관 등 여러 면에서 긴밀하게 연결되어 있다고 봅니다. 또 가족은 일정한 운의 법칙 아래 서로 운을 나누며 더불어 살아가는 사회공동체의 제일 기본 단위이기도 합니다.

부모, 배우자, 자식은 이른바 한배를 탄 공동 운명체라는 표현을 많이 씁니다. 결혼 전에는 부모와 운을 나누고, 결혼을 하면 배우자와 운을 나누고, 자식이 장성하면 자식과 운을 서로 나누는 관계이지요. 일반적인 생명의 순환고리이자 자연의 법칙이기도 합니다.

인간은 운명적으로 부모로부터 많은 행운을 받고 이 세상에 태어나지요. 그래서 부모에게 늘 감사하는 마음을 가지는 것이 자신이 타고난 행운을 인정하는 시작점인 셈입니다.

일본 마쓰시다 그룹의 창업자 마쓰시타 고노스케는 '경영의 신'이라 불리는 인물입니다. 그는 아버지의 사업 실패로 초등학교 4학년을 중퇴하고 자전거 점포의 점원으로 들어가야 했습니다. 그는 타고난 손재주와 성실성을 바탕으로 전후 일본 최고의 경영자가 될 수 있었는데, 어느 날 그에게 한 사람이 질문을 던졌습니다.

"회장님은 어떻게 해서 이처럼 큰 성공을 거두셨는지요?"

"나는 세 가지 은혜를 입고 태어났지요. 가난한 것, 허약한 것, 못 배운 것, 이 세 가지를 가졌기 때문에 성공할 수 있었습니다."
"예? 그것은 모두 불행이라고 할 수 있는데 은혜라구요?"

마쓰시타 회장은 놀라는 사람에게 "가난하게 태어났기 때문에 부지런히 일할 수 있었고, 또 약하게 태어났기 때문에 몸을 아끼고 건강에 힘쓸 수 있었고, 또 못 배웠기 때문에 항상 배우려는 노력을 할 수 있었다"고 말했습니다.

마쓰시타 회장이 부모님에게 물려받은 것은 온통 불운한 것뿐이었습니다. 그러나 그는 자신의 신세를 한탄하지 않았습니다. 자신이 타고난 부정적인 유산을 모두 긍정적인 에너지로 바꾸어놓았지요. 불우한 환경이 오히려 자신을 성장시켜 주었기 때문에 항상 감사하는 삶을 살았다는 말을 남기기도 했습니다.

사람의 만남은 각자의 운에 영향을 미치게 됩니다. 부모운, 결혼운, 자식운, 직장운 등이 서로의 관계와 인연에 따라 긴밀하게 상호작용하는 것입니다.

그러면 배우자와는 어떤 법칙에 따라 서로 운을 주고받을까요? 운명학에서 결혼을 주관하는 운은 주로 적이나 라이벌 관계를 이루지요. 그래서 당신과 반대의 기질을 가진 상대를 만나서 서로 조화와 균형을 이루어나가는 관계가 가장 바람직합니다. 가정이라는 사업체를 함께 이끌어가는 동업자 관계이지요.

좋은 결혼운은 서로 다른 남녀 두 사람이 생의 전반에 걸쳐 협력 관계를 형성하면서 서로의 삶을 고양시키는 것입니다. 나아가 궁합이 좋다는 의미는 결혼을 통해 서로의 단점을 보완하고 장점을 결합시킴으로써 운을 상승시킬 가능성이 크다는 뜻으로 받아들여야 합니다.

◆ 행운의 법칙 ◆
항상 부모에게 감사하는 마음으로 살아라.

3장 心

마음공부가
운명을
바꾼다

무의식에 뿌리는 행운의 씨앗

스스로 많은 복을 구하라—맹자

◆

自求多福

자구다복

이 세상에 태어나서 안 해본 일이 없다는 사람, 더러 자신의 인생을 풀어내려면 소설책 열 권으로도 부족하다는 사람이 있습니다. 브라이언 트레이시 인터내셔널(인적자원개발회사)의 CEO인 브라이언 트레이시가 그런 사람 가운데 하나입니다.

고등학교를 중퇴하고 식당에서 접시를 닦으며 시작된 그의 사회생활은 소위 밑바닥 계층의 그것이었습니다. 그는 세차원, 경비원, 공사장 일꾼, 선원 등 스무 가지가 넘는 직업을 전전하며 말 그대로 안 해본 일이 없었지요.

그러던 어느 날, 추운 차 안에서 쪽잠을 자던 그의 머릿속에 평생 이런 일만 하고 살 수는 없다는 생각이 스쳐갔습니다. 그는 지금까지의 무의미한 삶을 정리하기로 결심을 했습니다.

그는 곧바로 아프리카 횡단 여행을 떠났습니다. 당연히 무전여행이었지요. 아프리카 여행을 하는 동안 슈바이처 박사를 만난 것이 그에겐 인생의 큰 전환점이 되었습니다. 이전의 자신과 결별하고 스스로 의미 있는 삶을 살아야겠다고 결심을 한 것입니다.

그는 23세 때 세일즈맨으로 출발을 했지만 실적이 좋지 않아서 전전긍긍하는 신세였습니다. 세일즈가 자신에게는 어울리지 않는 직업이라는 회의에 빠지기도 했답니다.

그러나 운이 좋아지는 시기에 공통적으로 귀인을 만난다는 말처럼 트레이시는 한 선배로부터 소중한 조언을 들을 수 있었습니다.

"브라이언, 매달 1,000달러씩 벌겠다는 너의 목표를 종이에 직접 써 봐."

이후 그의 인생은 서서히 변합니다. 자신이 설정한 목표를 하나씩 이루면서 자신감이 생기기 시작했습니다. 한 계단 한 계단 오르다 보니 어느새 정상의 자리에 우뚝 선 자신을 발견했답니다.

그는 뒤늦게 공부를 시작해 MBA를 취득하고, 사업도 손대는 일마다 승승장구를 거듭했습니다. 마침내 자기 이름을 단 '브라이언 트레이시 인터내셔널'이라는 회사를 만든 그를 주위에서는 '행운의 사나이'라고 부른답니다.

세계 각국으로 강연 여행을 다니는 그의 강연료는 100분에 8억 원의 거액이라고 하네요. 그럼에도 불구하고 그에게는 강연 초청이 줄을 잇는답니다.

"권총으로 누가 나를 쏜다면 나는 죽겠지요. 그렇지만 나를 포기하게는 만들지 못합니다."

그는 어떤 일이 있어도 목표를 이룰 수 있다는 강한 신념을 가지라고 충고합니다. 그리고 자신이 어떻게 꿈을 이루어왔는지에 대해 이야기합니다.

그는 애초에 목표를 정할 때 포기하지 않는다는 생각을 함께 구비하여 뇌 속에 입력시킨다고 합니다. 즉 뇌 속에 자신의 목표와 포기하지 않는다는 생각을 함께 데이터베이스화 해야만 실현 가능성이 높다는 것입니다. 그래야 목표를 향해 나아갈 때, 뇌에서 결코 포기하지 않는다는 생각이 함께 가동되기 때문이랍니다. 트레이시는 이 오묘한 경험을 20대 초반에 한 이후 자신의 인생철학으로 삼았노라고 이야기하지요.

우리의 뇌에 데이터베이스화하는 작업은 명상 상태에서 이루어지는 작업입니다. 즉 마음이나 의식이 지배하지 않는 그저 깨어 있는 상태, 뇌에 알파파가 생성되는 상태에서 사물의 심상화와 확언을 통해 우리의 무의식에 명령을 내리는 것이랍니다.

우리가 그에게 주목해야 할 점은 바로 '무의식에 접근하는 능력'입니다. 그 비결은 '현재의 어려움으로 인한 걱정과 불안한 생각을 내려놓음'에 있지요. 그는 다른 사람에 비해 훨씬 쉽게 명상 상태에 들어가 자신의 의지를 내면화시키는 능력을 발휘합니다. 반면 일반인들은 명상 상태에 들기 어려운데, 이유는 자신의 의식이나 생각을 쉽게 놓지 못하기 때문입니다.

우리의 무의식이 운명을 만들어간다고 했습니다. 무의식에 뿌려진 좋은 씨앗들이 행운의 열매를 맺게 된답니다. 여기서 중요한 것은 무의식에 뿌려진 씨앗들이 행운이라고 불리는 사건이나 사람들을 '저절로' 불러온다는 사실입니다. 그저 신기해 보이더라도 행운의 과학은 한 치의 오차도 없이 이루어지지요. 이 글을 읽는 당신은 지금 마음 밭에 좋은 씨앗을 뿌리고 있는 거나 마찬가지랍니다. 앞으로 행운의 열매를 수확할 날만 손꼽아 기다리면 되지요. 단, 조급해하지는 마세요.

당신은 이제 행운의 열매를 구체적으로 기대하고 상상하고 즐기면 됩니다.

◆ **행운의 법칙** ◆
행운의 열매를 구체적으로 기대하고 상상하고 즐겨라.

마음공부는
운명을 바꾸는 첫걸음이다

짐승을 쫓는 자의 눈에는 태산이 보이지 않는다 —회남자

•

逐獸者目不見太山

축수자목불견태산

인간의 뇌는 슈퍼컴퓨터보다 더 뛰어난 능력을 가지고 있습니다. 종종 벌어지는 인간과 슈퍼컴퓨터의 대결에서도 최종적으로는 인간이 승리를 합니다. 아무리 무한대에 가까운 경우의 수를 입력하더라도 컴퓨터가 인간의 감정이나 직관을 대신할 수는 없거든요.

감정과 직관을 다루는 영역이 바로 인간의 뇌입니다. 때문에 뇌는 운의 과학과도 밀접하게 연결되어 있답니다. 그럼 먼저 우리 뇌의 구조를 한번 살펴볼까요?

인간의 뇌는 크게 세 부위로 이루어져 있습니다. 뇌의 가장 안쪽에 위치한 후뇌(뒤뇌)는 호흡, 심장 박동 등 생명 유지에 필요한 기

능을 담당하고 있습니다. 그래서 이를 '생명의 뇌'라고 부르기도 한 답니다. 두 번째 부위는 후뇌의 바로 바깥쪽에 있는 중뇌(중간뇌)입니다. 중뇌는 정보를 전달하고 인간의 감정을 담당하기 때문에 '감정의 뇌'라고도 합니다. 세 번째 부위는 맨 바깥쪽에 있는 전뇌(앞뇌)인데, 인간의 학습과 기억을 담당하기 때문에 '이성의 뇌'라고 합니다.

우리 뇌의 세 부위 가운데 감정을 담당하는 중뇌가 행운과 불운을 좌우한다는 사실에 주목할 필요가 있습니다. 인간의 감정과 무의식이 좋은 운을 불러들이기도 하고, 나쁜 운을 불러들이기도 하니까요.

만약 당신이 '나는 저 사람이 싫어!'라는 생각을 떠올리면 중뇌는 단번에 그 사람을 거부한답니다. 중뇌가 우리의 희로애락을 주관하며 여러 가지 감정데이터를 만들고 저장하고 전달하기 때문이지요.

예를 들면 당신이 '나는 단 음식이 싫다'는 생각을 가지고 있다면 중뇌는 단 음식을 싫어하는 사람으로 당신의 감정데이터를 만들고 저장합니다. 그리고 단 음식이 나오면 당신의 중뇌는 단 음식이 싫다는 감정을 겉으로 표현하고, 그래서 당신은 단 음식을 싫어하는 사람이 되는 거지요.

중뇌는 주로 우리의 신체 가운데 위나 폐 같은 장기의 세포와 감정데이터를 주고받으며 우리의 마음을 만들고 표현한답니다. 그래서 행운을 불러오는 마음공부는 바로 중뇌의 감정데이터 가운데 일부를 수정하는 것입니다.

자, 마음공부는 어떻게 해야 하는 것일까요? 우선 행운을 가로막는 마음의 상태를 살피고 파악하는 일이 최우선이랍니다. 그 이유야 사람마다 다르지만 대부분의 경우는 불안, 두려움, 집착 등 부정적인 감정 때문입니다.

중뇌가 부정적인 감정을 데이터베이스화해서 길목을 떡하니 막고 있는데 행운이 찾아올 리가 만무하지요. 스스로 부정적인 감정을 만들고, 또 그것을 저장해놓으면 결과적으로 스스로 불운을 초대하는 것과 마찬가지랍니다.

당신 안에 잠자고 있는 행운의 에너지를 깨우기 위해서는 가장 먼저 부정적인 마음을 버려야 합니다. 우리 뇌의 데이터베이스는 불변의 것이 아니라 끊임없이 변하는 것이랍니다.

당신이 마음을 바꾸면 중뇌의 데이터도 바뀌게 되어 있습니다. 스스로 부정적인 감정을 긍정적인 감정으로 바꿀 수가 있답니다. 더 이상 과거의 불운과 상처에 얽매여 다가오는 행운을 놓치지 않겠다고 마음을 먹는 순간, 당신의 운명이 바뀌기 시작할 것입니다. 불운도 당신이 만들고, 행운도 당신이 만든다는 사실을 명심하세요.

매달 한 번씩 만나는 고객들과 마음공부를 하고 있습니다. 한 달간 벌어진 일과 그로 인한 마음 상태, 그리고 올바른 선택이 무엇이었는지에 대해서도 서로 의견을 나누지요. 그리고 당시의 부정적인 감정에 대해 어떻게 대처해야 하는지 등에 대한 타이밍을 알아보고 스스로의 직관과 행운력을 높여나가는 시간이랍니다.

이들은 만날 때마다 달라지는 모습을 보여준답니다. 편안한 마음 상태에서 우러나는 좋은 기운, 즉 행운의 에너지가 갈수록 강하게 느껴지지요. 모두 과거의 부정적인 감정과 결별하고, 긍정의 감정으로 바꾸면서 일어난 변화입니다.

이 책을 읽고 있는 당신도 이미 변하기 시작했습니다. 당신 스스로 운명의 데이터를 바꿀 때가 되었음을 알고 있기 때문입니다.

마음공부는 바로 운명을 바꾸는 첫걸음입니다.

◆ 행운의 법칙 ◆
행운도 당신이 만들고, 불운도 당신이 만든다.

몸과 마음의
병을 치유하기

몸에 주인이 없는 것은, 집에 사람이 없는 것과 같다 —조익

•

此身無主如屋無人

차신무주여옥무인

심신의학의 선구자이자 심리학자인 로렌스 레샨은 500명 이상의 암 환자를 연구한 분입니다. 건강한 사람이 왜, 어떻게 암 환자가 되는지를 밝히는 연구였습니다.

그의 연구에 따르면 대인관계가 매우 힘들거나 위험한 사람, 젊은 시절에 소외당하고 무시당하거나 절망감을 많이 느낀 사람이 암 환자가 될 확률이 크다고 합니다. 특히 중요한 인간관계에서 절망을 경험해 감정이 상했거나, 분노와 적개심이 큰 사람은 전형적인 암 환자로 발전할 가능성이 더 크다고 하네요. 그만큼 우리의 마음과 몸은 밀접하게 연결되어 있답니다.

일상적으로 만나는 사람들의 건강운을 살펴보면, 몸의 주인이 마음임을 새삼 확인하게 됩니다. 연구의 결과가 보여주듯이 사람들은 대부분 좌절과 분노 등의 감정에서 병을 만들어냅니다.

그렇다면 정말 암 환자가 다른 사람보다 유독 더 힘든 일을 겪은 사람들일까를 생각해봅니다. 물론 모든 암의 발병 요인이 좌절과 분노만은 아닐 겁니다. 그렇지 않은 경우가 오히려 더 많겠지요.

레샨 박사의 연구도 '어떤 일이 벌어졌느냐'가 아니라 '어떻게 받아들이느냐'는 환자의 태도에 주목을 했습니다. 똑같은 일이라도 어떻게 받아들이느냐에 따라 병이 되기도 하고, 반대로 약이 되는 경우도 있으니까요.

흔히 만병의 근원이 스트레스라고들 합니다. 바로 마음의 병이 몸의 병을 키운다는 말이지요. 선천적으로 질병의 요인을 타고난 사람을 제외하고 병의 대부분은 우리의 마음에서 비롯된다고 해도 과언이 아니랍니다.

종종 대체의학 또는 민간요법으로 병을 치유한 경우에도 치료법 자체보다는 환자의 마음가짐이 기적을 일으켰다고 평가하는 것이 일반적입니다. 심지어 현대 의학에서도 병의 90%는 환자 스스로 치유할 수 있다고 말하지요. 자연치유력으로 자신이 만든 병은 자기 스스로 고칠 수 있다는 뜻이랍니다. 분노, 불안, 두려움 등이 유발한 '마음의 병'은 사람에 따라 증상이 다르고, 치료법 역시 차이가 있을 수밖에 없답니다. '병은 자기가 제일 잘 안다'는 말처럼 우선 병을 불러온 마음을 찬찬히 들여다보아야 합니다. 무엇이 자신의 마음을 다치게 했는지 살펴보세요. 그리고 명상과 마음수양 등으로 다친 마음을 힐링하는 게 중요합니다.

좋은 건강운을 불러오고, 몸과 마음을 힐링하려면 무엇을 해야 할까요? 건강운이 좋아지고 병이 낫는 시기가 되면, 일반적으로 다음의 두 가지 특징이 크게 드러나게 된다는 사실을 명심하세요.

첫째, 우리의 몸과 마음을 '릴랙스', 즉 이완 상태로 두어야 합니다.

프리초프 카프라는 "개체가 급작스러운 위협을 인식하거나, 환경의 급격한 변화에 적응해야 하거나, 기타 방법으로 강력한 자극을 받으면 스트레스가 발생한다"고 했습니다. 스트레스란 생존을 위한 개체의 반응인 셈입니다. 스트레스, 즉 긴장이 생존을 위해 불가피하다면, 이완도 생존에 반드시 필요하다는 사실을 명심하세요. 우리의 삶도 긴장과 이완의 끊임없는 반복입니다.

우리 몸은 매번 숨을 들이쉴 때 긴장을 하고, 내쉴 때는 이완을 합니다. 따라서 들숨과 날숨을 조절하는 호흡법은 심신의 긴장을 완화하는 데 아주 좋은 방법입니다. 더불어 명상, 요가, 음악, 스트레칭, 마사지 등 자신에게 맞는 이완법을 찾아내 실천하면서 습관화하는 것이 필요하답니다.

여기서 중요한 것은 '나에게 맞는' 방법을 찾아 실행해야 한다는 것입니다. 운의 원리로 볼 때 심신의 이완법도 개인마다 각각 다릅니다. 나에게 맞지 않는 방법으로 실행한다면 오히려 다른 질병의 원인이 될 수도 있습니다.

둘째, 분노하는 마음을 내려놓고 용서하는 마음을 가져야 합니다. 누구로부터 어떤 상처를 받았든, 그 사람을 용서하지 않는 한 당신의 마음도 치유할 수 없답니다. 자신의 잘못을 용서하지 못하는 경우는 말할 필요도 없습니다. 물론 고통과 상처의 기억을 잊기란 누구에게나 쉽지 않은 일이겠지요. 그래서 저는 잊기보다는 차라리 감사하는 마음을 가지라고 권한답니다. 잊기도 어려운 일을 내려놓고 감사하라는 말은 어불성설이라고 불만을 토해도 할 수 없습니다.

그럼에도 불구하고 한번 실천해보라고 권하고 싶습니다. 쉽게 잊히지 않는 일이라도 감사하는 마음을 가질 수는 있으니까요. 누구를 미워할 이유를 찾기보다는 감사할 이유를 더 많이 찾아야 합니다. 그리고 힘들었던 시간과 삶에 감사하세요. 행운은 늘 감사하는 마음을 가진 당신에게 다가갈 것입니다.

◆ 행운의 법칙 ◆
누구를 미워할 이유보다 감사할 이유를 찾아라.

혼자 있는 시간에 행운을 만난다

어울리되 휩쓸리지 않는다 — 근사록

和而不流
화이불류

운이 좋은 사람들이 가지고 있는 공통점을 하나 꼽아볼까요?

아무리 바쁜 와중에도 반드시 '혼자 있는 시간'을 가진다는 사실입니다. 여기서 혼자 있는 시간이란 온전히 나 자신을 들여다보고 마주할 수 있는 시간을 말합니다.

인간은 공동체 생활을 하는 사회적인 동물이기 때문에 혼자서는 살아갈 수가 없습니다. 그리고 공동체 생활을 하는 동안 상대가 원하는 것, 상대의 가치관, 나에 대한 상대의 평가에 초점을 맞추고 행동을 하게 됩니다.

이런 집단 생활을 하다 보면 개인의 정체성에 회의가 생길 때가 있습니다. '나는 누구인가?'라는 본질적인 물음에 봉착하게 되지요. 이제껏 '거울에 비친 나'를 바라보고 살아왔으니까요.

'지피지기 백전백승', 적을 알고 나를 알면 백 번을 싸워도 백 번을 승리한다고 했던가요? 그런데 많은 사람들이 적에 대해서만 알려고 하지 정작 자신에 대해 알려는 노력을 하지 않습니다. 그러나 적에 대해 아무리 많이 알아도 나를 모르면, 그것이 패배의 원인이 되지요.

이제 다른 사람에게로 향한 눈을 나 자신에게 돌려 스스로의 마음을 살펴볼 수 있어야 합니다. 누구와도 비교하지 않은 채, 오직 나 자신에게만 집중해보세요.

내가 진정으로 원하는 것은 무엇인가?
내 인생은 지금 어떤 시기를 지나고 있는가?
내가 가진 재능은 무엇인가?
지금 나는 진정 행복한 삶을 살고 있는가?

한 발 떨어진 거리에서 나를 관찰해보세요. 아마 여러 가지 모습을 가진 '나'를 만날 수 있을 것입니다. 이 시간은 마음을 터놓고 서로 질문을 하고, 대답을 하며 진정한 '나'와 소통하는 시간입니다. 다른 사람들과 어울리는 번잡한 삶을 잠시 내려놓고 나를 만나는 것입니다.

이 시간을 어디에서 보내도 상관은 없습니다. 편안한 마음 상태를 유지할 수 있는 곳이라면 어디든 좋겠지요. 그런데 시간은 최소한 30분 이상이 필요하답니다.

당신은 조용히 읽고 싶은 책을 읽습니다. 소파에 몸을 파묻은 채 음악 소리에 빠져 들어갑니다. 맛있는 간식에도 자꾸 손이 가네요. 반신욕을 하면서 하루 동안의 긴장을 풀어봅니다. 내면을 성찰하는 명상의 시간을 가지면서 진정한 나를 만나봅니다.

당신이 진정한 나를 만나고, 휴식과 충전의 시간을 가지려면 텔레비전과 스마트폰의 전원은 잠시 꺼둘 것을 권하고 싶답니다. 텔레비전의 일방적인 소통과 스마트폰의 무분별한 소통 모두가 장애가 될 뿐이니까요.

이처럼 번잡한 삶을 잠시 내려놓고 나만의 시간을 갖는 것은 행운을 만나기 위해서 반드시 필요한 일이지요. 이런 시간을 통해 변화무쌍한 세상 속에서 중심을 잃지 않는 균형 감각과 자신감을 키울 수 있으니까요.

이제 당신 스스로 충분한 휴식과 충전의 시간을 가질 수 있도록 허락해야 합니다. 정말 온전하게 혼자만의 시간을 가지면서 자연스럽게 떠오르는 갖가지 생각들과 마주쳐 보세요. 중요한 것은, 이때 그 생각들을 '좋다 나쁘다'로 판단하며 감정에 휘둘려서는 안 된다는 것입니다.

일어나는 생각들을 그저 지켜보세요. 당신의 지금 삶을 만날 수도 있고, 또 당신 안에 어떤 마음들이 가득한지 바라볼 수도 있답니다.

이런 시간을 가진다는 것은 당신이 '깨어 있음'을 의미하지요. 이때부터 다른 사람이나 상황에 끌려가는 것이 아니라, 당신 스스로 행운을 만들어가는 길이 비로소 보이기 시작한답니다.

당신의 행운은 누구도 아닌 당신의 내면에서 시작합니다. 당신이야말로 스스로에게 행운을 가져다주는 복덩어리이지요. '혼자 있음' 속에서 깨어나는 당신은 언제나 행운의 주인공입니다.

◆ 행운의 법칙 ◆
잠시 번잡한 삶을 내려놓고 나만의 시간을 가져라.

좋은 관상은
좋은 심상을 따르지 못한다

사람의 마음이 각각의 얼굴처럼 같지 않다—근사록

◆

人心不同如面
인심부동여면

　　백범 김구 선생의 젊은 시절 이야기입니다. 그 무렵 선생은 《마의상법》이라는 중국의 마의선인이 쓴 관상학 책을 들여다보았습니다. 선생이 관상학을 공부했다는 사실은 잘 알려진 이야기입니다.
　　관상학을 공부하던 어느 겨울날, 선생은 거울에 비친 자신의 얼굴을 가만히 들여다보았습니다. 그런데 자신의 관상을 살펴보니 눈도, 귀도, 코도 거지상이라는 풀이가 나왔다고 합니다.
　　'거지가 될 관상이면 다 필요가 없겠구나'라는 생각이 들었겠지요. 김구 선생은 자신의 관상풀이에 어찌나 실망했던지 잠시 죽음까지 생각하며 신세를 한탄하고 괴로워했다고 전해집니다.

하지만 김구 선생의 마음을 바꾼 말이 있었으니, 그 말은 관상학 책의 마지막 구절이었습니다. 비참한 마음에 책을 덮으려던 선생의 눈에 언뜻 '관상불여심상'이라는 문구가 보였던 것입니다. 관상불여심상은 사람의 관상이 제아무리 뛰어나도 마음가짐을 따라갈 수는 없다는 뜻입니다.

새삼 사람의 마음에 대해 다시 생각해보게 됩니다. 제가 많은 사람들의 운 컨설팅을 하면서 늘 마음에 새기는 것은, 언제나 운은 마음가짐에서 시작된다는 운의 원리입니다. 스스로의 발심이 현실로 나타나고, 결국 다시 새로운 마음가짐으로 귀결된다는 의미랍니다.

더러 역술가를 통해 엉뚱한 소리를 듣고 온 사람들을 만나게 됩니다.

"저는 사업을 하기만 하면 망한다던데요."
"저는 재혼하면 안 된대요. 평생 혼자 살 팔자라구요."
"둘째가 아무리 해도 안 생기는 이유가 남편하고 궁합이 안 좋기 때문이라네요. 정말 그렇다면 어떻게 하면 좋지요?"

한 사람의 인생을 말 몇 마디로 정의해버리는 폭언들이 난무하고 있습니다. 동서양 운명학의 그 어떤 역학으로 해석을 해도 대부분 근거가 없는 예측들이랍니다. 주로 세상의 변화를 무시한 채 과거의 방식을 고집하는 경우이지요.

100% 정확한 역학이 없듯이 100% 정확한 역술인도 없습니다. 역학을 들먹이지 않더라도 사람의 인생과 미래를 한마디로 단언한다는 것 자체가 어불성설이지요.

'운'의 과학은 변화를 전제로 성립하는 하나의 일관된 원리랍니다. 운명의 '운' 자도 움직인다는 뜻이고, 주역의 '역' 자도 변하고 바뀐다는 뜻을 가지고 있지요. '만물은 변한다'는 게 바로 우주만물을 움직이는 불변의 법칙이니까요. 우주만물의 법칙이 이러할진대 인간의 운명인들 쇠말뚝처럼 한 자리에 고정돼 있을 리가 없습니다.

이런 이야기를 통해 운의 실체를 이해하면 고객의 굳게 닫혔던 마음이 마침내 열리기 시작합니다. 마음에 작은 변화가 생기기 시작하는 거지요. 마음의 변화는 운이 바뀌기 시작한다는 징조입니다. 이런 마음의 변화가 때를 만나면 원하는 것을 이룰 수 있도록 만든답니다.

우연의 일치처럼 사람들은 운이 바뀌는 시기에 저를 만나게 되는 경우가 많습니다. 잘되는 사람은 더 잘되기 위해, 뭔가 잘 풀리지 않을 때는 해결의 실마리를 잡기 위해서랍니다. 저를 만나 마음을 바꾸면서 행운을 차지하는 사람들을 많이 봅니다. 이런 변화를 지켜보면 제 마음에도 작은 감동의 파문이 일지요.

변화에 눈을 감고 두려워해서는 변화의 시기와 성격을 알 수가 없습니다. 만약 좋지 않은 징조가 농후한 경우라도 그 사건이 발생할 수 있는 시기를 예측하고, 어떤 방법으로 대비하느냐에 따라 결과는 많이 달라지지요. 운이 좋아지는 시기도 마찬가지입니다.

모든 운에는 변화의 조짐이 있다는 사실도 명심해야 합니다. 그래서 스스로 변화의 움직임을 예의주시하고, 변화의 흐름과 성격을 정확하게 읽어내는 게 중요합니다.

행운을 부르는 가장 강력한 힘은 언제나 마음입니다. 내 마음이 변하면 세상도 변하니까요.

◆ 행운의 법칙 ◆
마음의 변화와 흐름을 정확하게 읽어내는 게 중요하다.

세상이 학교입니다

단단한 것은 아무리 갈아도 닳지 않고
아주 흰 것은 아무리 물들여도 검어지지 않는다 — 논어

•

磨而不磷涅而不緇

마이불린날이불치

"먼저 스스로 마음을 가다듬는 데만 온 신경을 쓰세요. 그동안에는 어떤 행동도 삼가는 게 좋습니다. 일주일이 지나면 변화가 시작될 것이고, 다음 달이면 모든 상황이 역전될 수 있습니다. 그리고 보름 후에는 지금과는 정반대의 이야기를 하게 될 겁니다. 염려 마세요."

어느 날 공황 상태로 방문한 M씨에게 한 조언입니다.
아무리 잘난 사람이라도 어려움을 겪는 시기가 있기 마련입니다. 삶의 고비란 원래 잘난 사람 못난 사람을 가리지 않고 밀려오는 파도와 같습니다. 그러나 파도가 밀려올 때 어떤 방향으로, 어떤 방법

으로, 어떤 마음으로 인생의 항해를 계속하는가는 사람마다 차이가 있지요.

우리가 행복할 때 얼마나 기뻐해야 하는지, 불행할 때 얼마나 힘들어해야 하는지에 대한 정답은 있을 수가 없지요. 다만 그 시기를 어떤 마음가짐으로 보내느냐에 따라 삶의 색깔이 달라질 뿐이랍니다.

흔히 사람은 감정의 동물이라고들 합니다. 좋은 일에는 기뻐하고, 좋지 않은 일에는 마음이 상하고, 슬픈 일에는 슬퍼하는 게 인지상정이니까요. 그런데 유독 감정의 진폭이 큰 사람들이 있습니다. 필요 이상으로 기뻐하거나 필요 이상으로 슬퍼하는, 즉 감정의 기복이 심한 사람들이지요.

사실 이처럼 매사에 민감하게 반응하는 것은 좋은 운을 받아들이는 데 바람직한 태도가 아닙니다.

사업의 부도, 부부의 이혼, 가족의 죽음, 인간관계의 갈등 등 위기 상황에 처했을 때 스스로 더 큰 위기로 몰아가는 행동은 피해야 합니다. 스스로 바닥을 향해 내려갈수록 나중에 올라오기가 그만큼 더 힘들다는 사실을 늘 명심하세요.

우리 스스로 위기에서 빠져나올 수 있고, 또 행운을 부르는 힘이 있음을 믿어야 합니다. 이러한 믿음이야말로 힘듦의 강도를 낮추고, 시간이 지난 후에는 오히려 그 일에 감사하는 마음을 갖게 할 것입니다.

그렇다면 위기 상황이 닥칠 때 어떤 마음가짐으로 대처하는 게 바람직할까요?

첫째, 꼬리에 꼬리를 무는 좋지 않은 생각들을 멈춰야 합니다.

위기가 닥치면 사람들은 비슷한 사건을 겪은 다른 사람들의 불행한 모습을 떠올리기 쉽습니다. 그런 간접 경험을 연상하면서 스스로 공포와 절망 속으로 한없이 빠져듭니다.

여기에 후회와 자책까지 겹치면 극단적인 선택으로 내몰리기 쉬워지지요. 그러나 어떤 경우에도 극단적인 선택을 하는 것은 금물입니다. 스스로 존엄성을 지키는 사람만이 행운을 누릴 자격이 주어지니까요.

사실 위기 상황은 누구에게나 두려움과 공포심을 안겨주지요. 자신의 미래에 일어날 듯한 불행한 일들이 주마등처럼 뇌리를 스쳐갑니다. 그러나 한 발 밖으로 물러나 관찰해보면 그런 생각은 단지 환상에 불과하다는 것을 느낄 수 있습니다. 악몽을 꿀 때 식은땀을 흘리고 가위에 눌리는 것과 본질적으로 크게 다르지 않습니다. 그러니 일어나지도, 생기지도 않은 환상과 악몽에서 깨어나 현실을 보아야 합니다.

위기 상황을 만나 온갖 부정적인 가능성을 떠올리는 고객에게 "절대 그런 일은 생기지 않습니다"라고 단언할 수 있는 것은 이 같은 믿음 때문입니다.

둘째, 지금 있는 그대로의 현실을 받아들여야 합니다.

과장도 축소도 없이 현실을 인정하고, 다른 사람에게 책임을 돌리지 말아야 합니다. 누군가를 비난한다는 것은 앞으로 똑같은 잘못을 저지르는 원인이 됩니다. 단, 잘잘못을 냉정하게 따지고 반성하되 자책하거나 죄책감에 빠지는 것은 금물입니다.

셋째, 세상은 스스로 공부하고 배우는 학교라고 생각해야 합니다.

세상은 배울 게 많은 학교입니다. 무엇을 얻기 위해서는 먼저 이 학교에서 배우고 익힐 줄 알아야 합니다. 그리고 앞을 가로막은 벽을 넘으려면 먼저 벽에 부딪쳐봐야겠지요. 한 번 겪은 위기 상황에서 교훈을 얻지 못한다면 끊임없이 쳇바퀴를 돌리는 다람쥐와 다를 바가 없답니다.

위기 상황과 싸워서 이기려는 태도는 상황을 더 악화시킬 뿐이지요. 그 상황을 초래한 것은 자신이라는 사실을 명심해야 합니다. 그래서 힘든 상황과 싸운다는 것은 바로 자신과 싸우는 것이기도 하지요. 자신과의 싸움은 상황을 점점 좋지 않은 쪽으로 몰아가기가 쉽답니다.

힘든 상황과 싸우지 말고 온 가슴으로 꼭 안아주세요. 이것은 힘든 나를 스스로 안아주는 것과 마찬가지랍니다. 마치 자신의 체온처럼 따스한 온기를 느끼게 될 것입니다. 바로 이러한 태도를 취할 때, 당신은 당신의 운명이 주는 행운을 모두 받아들일 수 있지요.

진정한 강함은 나의 운명에 대한 신뢰에서 비롯됩니다.

◆ 행운의 법칙 ◆
꼬리에 꼬리를 무는 나쁜 생각을 멈춰야 한다.

보이지 않는 것이
보이는 것을 지배한다

도리를 따르면 여유가 있고, 욕심을 좇으면 위태롭다 — 소학

◆

順理則裕從欲惟危
순리즉유종욕유위

"사실 안 될 가능성이 더 높은 프로젝트예요. 하지만 운이 따른다고 하니 도전할 용기가 생깁니다. 제가 특히 주의해야 할 게 있나요?"

K교수는 정부가 발주한 대형 프로젝트를 따내기 위해 노심초사하고 있었습니다. 이런 대형 프로젝트는 대부분 경쟁이 치열하지요. 경쟁자도 많을 뿐 아니라, 수주 능력도 서로 엇비슷한 경우가 대부분입니다. 이런 상황에서는 어떤 결과가 나왔을 때 "운이 따라주었어", "로비에 밀렸다고 봐야지" 등등 여러 뒷말들이 난무하곤 하지요.

그럼 한 개인의 실력과 능력을 객관적으로 판단하는 기준은 무엇일까요? 학창 시절이야 성적만으로 1등부터 100등까지 줄을 세울 수 있지만 사회생활은 그렇게 단순하지가 않지요.

사회생활에서 개인의 실력을 구성하는 요소들을 한번 꼽아볼까요? 우선 대표적인 것으로 학벌, 외모, 재력, 집안, 언변, 친화력 등을 들 수가 있겠네요. 그런데 사실 이런 눈에 보이는 것보다 눈에 보이지 않는 것들이 우리의 인생을 좌우하는 경우가 많답니다. 눈에 보이지 않는 것들이 보이는 것들을 통제하고 지배하는 게 우주 만물의 질서이자 법칙이니까요.

우리 눈에 보이지 않는 요소들을 일단 '운의 영역'이라고 규정을 해보지요. "운도 실력이다"라는 말을 일상적으로 많이 사용하는 만큼 큰 무리는 없겠지요. 그렇다면 운의 영역으로는 인연, 의식과 무의식, 유무형의 에너지, 타이밍(운때) 등등 여러 가지가 있을 수 있습니다.

당시 K교수는 마침 운이 좋은 방향으로 바뀌는 시기였습니다. 그래서 K교수가 원하는 결과를 얻을 수 있도록 몇 가지 당부를 했습니다.

"프로젝트를 따고 못 따는 결과에만 매달리면 일을 그르치기가 쉽습니다. 우선 결과에 집착하는 마음을 버리세요. 그저 '될 일이다'라는 마음가짐으로 조용히 최선을 다하면 됩니다. 그리고 제가 알려드리는 시간에는 잠시 일을 손에서 놓고, 여유 있게 목욕이나 명상 등으로 휴식을 취하세요."

하루 중에도 사람의 에너지는 여러 번 바뀝니다. 개인에 따라 각각 다르지만 직감이 발달하는 시간과 집중이 잘되는 시간, 다른 사람과 정보를 교환할 때 많은 것들을 얻을 수 있는 시간, 아무것도 하지 않은 채 그저 편히 쉬어야 할 시간, 취미를 즐기기에 좋은 시간 등으로 구분을 할 수가 있겠네요.

이 가운데, 운이 상승하는 시기에 중요한 것은 '즐길 시간'과 '그저 쉬어야 할 시간'을 잘 지키는 것이랍니다. 겉에서 보기에 아무런 생산성이 없는 이 시간이, 실제로는 좋은 흐름을 불러와 더욱 순탄하게 일이 풀리도록 도와주는 중요한 시간이기 때문입니다.

K교수는 결국 주위에서 모두 '안 된다'고 했던 프로젝트를 진행하게 되었습니다. 그 과정에서 이 시간의 중요성을 알게 된 그는 지금도 짧게나마 명상과 휴식을 반드시 실천하고 있습니다. 번번이 자신을 무릎 꿇게 했던 경쟁자 때문에 마음이 더욱 힘들었는데, 이 시간을 충실히 지킴으로써 자신의 불편한 마음을 다스릴 수 있었다고 그는 이야기합니다.

당신의 소원을 이루는 길목에 행운이 자리 잡도록 하기 위해서는 힘들고 정신없는 와중에도 여유로움을 가지고 있어야 합니다. 즉, 몸이 바빠 정신이 없더라도 마음속에는 편안한 정서가 깃들어 있어야 한다는 뜻입니다. 마음의 여유로움과 편안함은 놀라운 결과를 만들어냅니다. 당신이 도저히 넘을 수 없다고 생각했던 장애물이 '행운'이라고밖에 불릴 수 없는 사건을 통해 치워지는 것을 볼 수 있을 것입니다. 그런 행운은 외부에서 어쩌다 생긴 일이 아니라, 당신의 마음이 불러온 기적입니다.

반면에 두려움과 불안은 원하는 것을 이루려고 할 때 장애가 되는 사건을 불러옵니다. 일이 겉으로 잘 풀리고 있는데도 어딘가 불편하고 조마조마한 마음이 든다면, 이러한 마음은 없던 장애물도 새로 만들 수 있습니다. 때로는 시작 자체가 잘못되었음을 암시하는 것이기도 하지요.

당신에게 맞는 목표를 좇는 중에는 눈앞에 펼쳐지는 일이 어떻든 상관없이 당신의 마음을 편안하고 즐겁게 유지하는 데 노력을 쏟아야 합니다. 목표에 집착하거나 결과를 어떻게든 통제하려고 애쓰는 것이 아니라, 과정에서 여유를 가지고 즐기면서 순리대로 되어간다는 느낌을 가질 때, 당신은 기대하는 그 이상의 결과를 누리게 될 것입니다. 운동과 휴식이 반복되면서 더욱 건강해지는 우리 신체의 원리처럼 말입니다.

◆ 행운의 법칙 ◆
명상과 휴식을 통해 마음의 여유로움과 편안함을 유지하라.

무의식,
행운을 움직이는 힘

뜻대로 되지 않음을 걱정하지 말고, 마음에 든다고 기뻐하지 마라 — 채근담

◆

無憂拂意無喜快心

무우불의무희쾌심

살아가는 매 순간의 삶 자체가 선택의 연속이지만 특히 운명을 가르는 결정을 내려야 할 때가 있습니다. 선택과 결정이 곧바로 결과로 연결될 때는 고심에 고심을 거듭하며 노심초사하지요.

어떤 선택과 결정을 내리든 대부분의 사람들은 자신이 원하는 방향으로 드라마 대본을 쓴답니다. 그리고 드라마 대본대로 일이 진행되고, 또 해피엔딩으로 마무리되기를 바라는 게 인지상정이지요. 그런데 우리의 실제 삶이란 드라마 대본처럼 흘러가질 않지요.

그렇다면 우리의 생각대로 혹은 순서대로 일이 전개되지 않는 이유가 무엇일까요? 바로 의식이 아닌 무의식이 우리의 삶을 지배하기 때문입니다. 쉽게 말하자면 우리의 의식은 무의식이란 큰 강으

로 흘러가는 지류에 불과하지요. 즉 지류가 큰 강의 물줄기를 바꾸지는 못한다는 사실을 깨달아야 합니다.

평소 호탕하고 통이 큰 성품의 사업가 P씨가 갑자기 컨설팅을 요청했습니다. 새로운 사업에 진출하기 위해 중요한 계약을 앞둔 시기였습니다. 계약이 성사될 것인지, 그리고 계약 후에 새 사업이 성공할 것인지에 대한 컨설팅이었지요. 자신의 결정이 회사의 명운을 좌우하기 때문인지 평소보다 더 신중한 태도였습니다.

"충분히 가능합니다. 다만, 당분간 술이나 유흥은 삼가는 게 좋겠네요. 편안한 마음으로 혼자 있는 시간을 많이 가지세요. 일주일 뒤부터 좋은 시기가 활짝 열리기 때문에 원하는 조건으로 계약이 될 것입니다. 그뿐만 아니라 이 계약을 기반으로 새 사업이 2년 반 안에 급속도로 성장하게 됩니다. 이럴 때의 마음가짐이 정말 중요하답니다. 행운을 더 크게 키우고 싶다면, 더욱 공손하고 경건한 마음으로 지내세요."

P씨는 마치 다른 사람이라도 된 듯 바른 생활을 시작했습니다. 개인적인 술자리도 피하고, 피치 못할 저녁 약속은 식사 정도로만 끝냈습니다. 매일 12시를 넘겼던 귀가 시간이 빨라졌을 뿐 아니라, 집에서 자신의 생각을 가다듬는 시간도 충분히 가졌습니다.

이렇게 생활한 지 한 달여 만에 계약이 성사되었고, 계약 조건도 원하는 대로 이루어졌습니다. 그리고 계약이 성사되자마자 대규모 투자까지 받게 돼 고민하던 자금 문제까지 해결되었습니다. 결국 P 씨의 회사는 1년 뒤에 매출이 세 배 이상 성장하는 성공을 거두었습니다.

우리가 어떤 선택과 결정을 하든 의식과 무의식이 자연스럽게 한 방향으로 흘러가야 원하는 결과를 얻을 수가 있습니다. 운의 과학에서 믿음을 강조하는 이유도 무의식이 행운을 움직이게 하는 힘이기 때문입니다.

따라서 "이번 일이 잘 될까? 혹시 중간에 무슨 문제라도 생기면 어떡하지?"와 같은 불안과 의심은 당신의 귀한 시간과 에너지를 낭비할 뿐입니다. 이렇게 무의식과 의식 사이에 괴리가 생기면 그 틈으로 불운과 두려움이라는 부정적인 기운이 스며듭니다.

혹시 당신이 중요한 결정을 앞두고 있다면 우선 자신을 믿는 게 가장 중요합니다. 당신의 목표에 집중하되, 그 과정을 하나하나 통제하겠다는 생각은 버리세요. 강의 지류만 바라보다가는 강의 본류가 어디를 향하는지를 놓치기가 쉽습니다. 작은 물줄기가 큰 물줄기의 방향을 바꾸는 일은 없습니다.

당신이 생각한 대로 일이 진행되지 않는다고 해서 크게 걱정할 필요도 없습니다. 당신이 생각한 방향으로 진행한다고 해서 반드시 유리한 결과를 얻는 것도 아니랍니다. 당신의 생각과는 다른 방향으로 흘러가는 게 행운의 길인 경우도 많으니까요.

언제나 당신에 대한 믿음을 갖고 충분한 정보 수집과 의견 수렴을 한 뒤에 결정을 내리되, 정말 중요한 결정을 내리는 시기에는 꼭 '경건과 절제'의 생활을 실천해야 합니다. 수도승처럼 생활해야 한다는 것은 아닙니다. 단지 지나친 유흥과 쾌락을 삼가고 생활의 단순함을 유지하는 것으로 충분하답니다.

경건과 절제를 기반으로 하는 생활은 행운을 부르는 힘이 될 것입니다. 그리고 언제나 당신의 결정이 옳았음을 증명하는 힘이 되기도 하구요.

◆ 행운의 법칙 ◆
경건과 절제가 행운을 부르는 힘이다.

지금, 내 마음이 편안한가?

작은 일에 져야 큰 일에 이길 수 있다 — 장자

◆

以衆小不勝爲大勝也

이중소불승위대승야

'물이 너무 맑으면 물고기가 없고, 사람이 너무 살피면 친구가 없다'라는 옛말처럼 주변을 살펴보면, 나 홀로 독야청청 살아가는 사람이 있습니다. 그들은 남에게 절대로 피해를 주지 않고, 별다른 도움도 받지 않은 채 치밀하게 일상을 잘 꾸려갑니다. 그런데 막상 어려운 일이 생겼을 때, 그의 옆에는 도움이 될 사람이 없답니다.

반면, 소위 오지랖이 넓은 사람이 있습니다. 자수성가로 중견 기업을 이끄는 J대표의 경우가 그렇습니다. 사방팔방으로 아는 사람이 많고 가족같이 지내는 친구와 선후배들도 수십 명을 헤아릴 정도입니다. 모두들 그에게 인복이 많다고 부러워합니다.

그는 두 번이나 사업에서 실패를 했는데도 오뚝이처럼 다시 일어선 사람입니다. 그의 표현대로 하자면 주위 친구들의 도움 덕분이었다고 합니다. 이제 회사가 탄탄하게 자리 잡은 그는 스스로 인복 덕분이라고 인정을 하면서도 못내 궁금한 게 있었나 봅니다.

"사람들이 제 인복이 어디서 나오는 거냐고 묻는데, 이유가 뭘까요? 딱히 주위 사람들에게 경제적으로 도움을 준 것도 별로 없습니다. 게다가 힘들게 살 때는 밥 한 끼 제대로 살 여유조차 없었는데요. 오히려 신세 졌으면 제가 더 졌지요."

지금 J대표는 여러 사람들에게 다방면으로 베풀면서 살고 있지만 힘들었던 과거에는 그럴 여유가 전혀 없었답니다. 베풂보다는 도움을 더 많이 받았던 삶이라는 거지요. 그런데도 주위에는 사람들이 끊이지 않았다고 하네요.

세상에 자기와 똑같은 사람이 있던가요? 그리고 어느 누군들 내 맘 같기만 하던가요? 서로 다른 사람들이 만남을 가지다 보면 자연스럽게 부딪치는 일들도 생겨나기 마련입니다. 하지만 이런 갈등이 일어났을 때 J대표는 특별한 처세법으로 문제를 해결합니다.

상대방이 잘못한 일에 대해서는 너그럽게 용서해주는 것이 그 하나입니다. 또 본인이 잘못한 일에 대해서는 즉시 솔직하게 사과하는 것이 두 번째 방법입니다. 마지막으로 서로 시시비비를 가릴 일이 생겼을 때에는 내 잘못이 더 크다고 인정하며 먼저 손을 내미는 것을 원칙으로 했다고 합니다.

이런 처신으로 그는 주위의 신뢰와 인정을 차곡차곡 쌓아온 것입니다. 때문에 J대표의 일이라면 집을 잡혀서라도 보증을 서주겠다는 친구와 지인들이 많아졌습니다. 두 번이나 사업에 실패하고 재기에 성공한 것도 모두 주위 사람들의 헌신적인 도움 덕분이었습니다.

주변의 부러움을 한 몸에 받는 J대표의 이런 인복이야말로 행운을 부르는 강력한 힘입니다. 운명학에서 가장 중요하게 다루는 것도 사람 사이의 인연법입니다. 우리가 생명의 에너지를 우주로부터 받는다면, 삶의 에너지는 살아가는 동안 주위 사람들로부터 받는답니다.

J대표가 인복이 좋은 이유를 한 가지 더 들자면 인연이 아닌 사람은 과감하게 교유를 끊어버린다는 점입니다. 기본적인 품성이 잘못된 사람이나 서로 운때가 맞지 않다고 생각되는 사람은 빨리 정리한다는 원칙을 가지고 있지요. 다만 주위의 사람이 작은 자존심을 내세울 때에는 그걸 세워주는 게 좋다는 대인배의 풍모를 가지고 있습니다. 사실 서로 맞지 않는 사람과 함께한다는 것은 몸에 맞지 않는 옷을 입고 있는 것처럼 불편하지요. 인간관계도 옷처럼 몸과 마음이 편해야 좋은 운을 불러들입니다. 물론 시시비비를 분명히 가려야 할 법정과 우리의 일상사는 조금 다릅니다. 누구의 과실인지를 가려야 하는 자동차 접촉 사고 등에서는 분명히 시비를 가

려야 합니다. 그리고 한 번의 결정이 많은 것을 좌우하는 비즈니스에서는 물러서지 말고 당당하게 나의 승리를 쟁취해야 합니다.

그러나 가족, 주변의 친구, 지인들에게까지 사소한 일로 시시비비를 가리고 "그건 네가 잘못했잖아"라는 식의 태도를 보이는 것은 바람직하지 않습니다. 당장 그 자리에서는 이길 수도 있겠지만 상대방의 마음을 잃게 됩니다. 인복을 스스로 물러가게 하는 셈이겠지요. 사람을 만날 때 스스로에게 물어보세요.

"지금, 내 마음이 편안한가?"

인간관계를 판단할 때 '내 마음이 편안한가, 불편한가?'를 가장 중요한 기준으로 삼으세요. 상대방의 마음 상태를 먼저 헤아려 거기에 내 마음을 맞출 필요는 없답니다. 내 마음이 편해야 상대방의 마음도 당연히 같은 주파수에서 공명하게 될 테니까요. 호의를 베풀 때와 받을 때도 그냥 마음이 편하고 행복해야 합니다. 이런 호의는 이미 그 자체로 행운을 주고받는 셈이랍니다.

◆ 행운의 법칙 ◆
인복은 행운을 부르는 강력한 힘이다.

과거의 나를 용서하고, 지금의 나에게 감사하라

하늘은 큰일을 맡기기 전에 마음과 뜻을 흔들어 시험한다 — 맹자

•

天將降大任於是人也必先苦其心志

천장강대임어시인야필선고기심지

"지금 가게를 확장해도 괜찮을까요? 2호점도 적당한 가게가 나오기는 했는데, 자금이 조금 부족해서 이래저래 고민이에요. 혹시 돈이 안 돌아가면 큰일이거든요."

고객 A씨는 당시 재운이 크게 열리고 있는 시기였습니다. 겉으로 약간의 불안감을 나타내기는 했지만, 가만히 살펴보면 내면의 꿈을 현실로 만들겠다는 강한 기운 역시 느껴졌습니다. 게다가 도래한 시기는 말 그대로 빚도 훌륭한 투자가 될 수 있을 정도로 황금기였습니다.

일단 가게 확장을 권하고, 2호점 계약 날짜도 잡아주었습니다. 그런데 계약 당일 오전, A씨로부터 전화가 왔습니다. 계약을 위해 집을 나서는데 가방 끈이 툭 끊어져버렸다는 것입니다.

"태어나서 이런 일은 처음이에요. 뭔가 불안하고 기분이 찝찝해요."
"이제 새로 좋은 가방을 사게 될 거라는 뜻이네요. 아마 지금까지와는 격이 다른 가방을 드시게 될 겁니다. 걱정하지 말고 계약을 진행하세요. 축하드립니다."

저는 웃으며 답했습니다. 자신만만한 화답에 안심한 A씨는 바로 계약을 했습니다. 그녀는 '시기만 맞다면 나쁜 상황에서도 긍정적으로 생각을 해야 하는구나'라는 사실을 깨닫고는 금방 마음속의 불안을 걷어내 버린 것입니다.
그로부터 2년 만에 그녀는 가게를 7호점까지 내며 급성장하는 기쁨을 맛보았습니다. 다음에 상담할 때 새 명품백을 들고 왔음은 물론입니다.
그녀는 계약하기로 한 날 좋지 않은 징후가 보였어도 거기에 흔들리지 않고 긍정적인 결정을 내린 마음자세가 향후 일을 추진하는 데 있어서도 크게 도움이 되었다고 합니다.

"아무래도 안 되겠어. 찝찝해. 그래, 내가 무슨……."

만약 이런 태도를 A씨가 보였다면? 아마 결과는 많이 달라졌을 것입니다. 문제에 부딪힐 때마다 "그때 가방 끈이 떨어지더니……"라는 식의 원망이나 하면서 불운을 부르는 악순환이 되풀이됐을 수도 있습니다. 그랬다면 좋은 시기를 아깝게 날려버리고 말았겠지요.

우리 모두는 마음속에 지난날의 뼈아픈 상처를 지니고 있습니다. 지금 생각해보면 별것 아닌, 성장 과정에서 경험한 작은 실패들이 우리 안에 상처로 남아 있는 것이지요. 그런 상처들이 우리 삶에 직간접적으로 영향을 미치고 있답니다.

사실 우리가 살아가면서 겪는 숱한 사건과 마음속의 불안은 큰 관련이 없는 경우가 더 많습니다. 실제로 어떤 사건이 일어났을 때보다 일어나기 전의 시간이 더 불안한 법이지요. 이른바 예기 불안입니다. 예기 불안이 인간의 생존 가능성을 높여줄지는 모르지만, 운의 과학에서는 행운을 가로막는 장벽이랍니다.

그런데 외부의 작은 사건이라도 우리 내면의 상처를 건드리면 불안에 빠져들기가 쉽습니다. 이것은 과거에 경험한 고통에 대한 두려움의 표현이고, 또다시 같은 상처를 되풀이하지 않겠다는 보호 본능이 작동하는 것이지요. 특히 운이 좋지 않은 시기에 이런 심리가 강해집니다. 때문에 비슷한 상황에서 역전의 기회가 왔음에도 불안 때문에 결국 놓쳐버리고 마는 일들이 생기게 된답니다.

운이 좋아지는 시기에는 이런 상처를 치유하고 앞으로 나아갈 기회가 주어집니다. 우선 과거의 고통과 상처를 새롭게 해석하고 자신 있게 행동해야 합니다. 과거의 사건이나 경험의 부정적인 면에 매달리기보다는 긍정적인 면을 부각시키는 것입니다. 이렇게 상처를 치유하면서 과거의 나를 용서하고, 지금의 나에게 감사해야 합니다.

인드라 초한은 《마음을 다스리는 100가지 명상》에서 "불행, 불운, 빈곤은 전염병과 같다. 예방은 그것을 철저하게 피하는 것, 그리고 면역성을 높이는 것이다"라고 말했습니다.

불안에 대해 면역성을 높이는 최선의 방법은 불운의 추억을 되살리지 말고, 그 불운의 기억에서 행운의 실마리를 찾는 것입니다.

◆ 행운의 법칙 ◆

과거의 고통과 상처를 긍정적으로 해석하라.

보이지 않는 손이 운명을 지배한다

남을 사랑하고 공경하는 사람은 자신도 그런 대접을 받는다 — 맹자

•

愛人者人恒愛之敬人者人恒敬之
애인자인항애지경인자인항경지

'보이지 않는 적'으로 인해 패가망신하는 사람이 있습니다. 반면 뜻하지 않게 '보이지 않는 손'의 도움을 받아 대박을 터뜨리는 사람도 있습니다.

그렇다면 왜 이런 일이 일어나는 걸까요? 보인다는 것은 의식의 세계를 의미하고, 보이지 않는다는 것은 무의식의 세계를 의미하지요. 심리학에서는 우리 삶은 10%의 의식과 90%의 무의식이 지배한다고 합니다. 즉 운구기일의 세계관과 맥락을 같이합니다.

일상생활의 인간관계에서는 상대방이 자신에게 우호적인지 적대적인지 대강 구분을 하고 살아갑니다. 그런데 전혀 뜻밖의 사람으

로부터 도움의 손길을 받거나, 아니면 심각한 피해를 당하는 경우가 많습니다.

일반 사람들은 이 같은 예기치 않은 일은 비논리적이고 인과관계가 없다는 이유로 무시를 해버리지요. 과연 그럴까요? 우리가 알고 있는 과학이 우주만물의 법칙과 인간의 무의식 세계를 온전히 설명하던가요?

우리가 모른다고 해서 존재하지 않는 것이 아니랍니다. 우리가 인식하고 경험하고 설명할 수 있는 세계보다 훨씬 광대한 세계가 존재하고, 또 다양한 방식으로 인간의 삶에 영향을 미치지요. 운명학은 바로 이 '보이지 않는 세계'를 다루는 학문이라고 할 수 있습니다.

그렇다면 '보이지 않는 손'이 우리의 삶을 어떻게 조종(?)하는지 한번 살펴볼까요?

당신은 전혀 뜻하지 않았던 장소에서 첫눈에 반해 사랑에 빠졌습니다. 당신은 잃어버린 지갑을 찾을 수도 있고, 못 찾을 수도 있습니다. 당신이 아파트를 계약하려고 하는데 누군가가 먼저 가로채버렸습니다. 당신은 친한 친구와 헤어지기도 하고, 또 새로운 친구를 만나기도 합니다. 가까운 사람이 당신에게 금전적으로 큰 손해를 입혔습니다. 일면식도 없었던 사람의 도움으로 사업에 큰 성공을 거두었습니다…….

이 같은 일들이 우리가 흔히 겪는 일상사의 모습입니다. '보이지 않는 손'이 우리를 행운으로 이끌기도 하고, 불운으로 이끌기도 하지요. 그렇다면 보이지 않는 손을 잡고 행운의 길을 걸어가기 위해서는 어떤 마음가짐으로 살아야 할까요?

보이지 않는 손이란 것은 의식보다는 무의식의 영역에 가깝습니다. 이 무의식의 영역은 깊은 속마음, 습관, 의식하지 않는 사소한 행동을 통해 드러나고, 그리고 운명을 만들어내지요. 먼저 자신의 마음이 불편하고 불안하면 보이지 않는 적을 많이 만들게 됩니다. 반면에 자신의 마음이 편안하면 좋은 사람을 만나 도움을 받는 게 운의 원리랍니다.

전자는 겉보기에는 좋아 보이는 사이라 해도 본의 아니게 서로 상처를 주는 경우가 많습니다. 둘 다 인성이 좋다고 해도 내면의 불안감이 밖으로 투사되어 좋지 않은 결과를 가져옵니다. 반면 후자의 경우는 내면의 안정감이 상대방에게 '따뜻한 느낌'을 주어 행운을 이끌어내는 힘으로 작용한답니다.

보이지 않는 손, 즉 무의식의 세계가 우리를 때로는 행운의 길로, 때로는 불운의 길로 안내하지요. 우리가 평소 의식하지 않고 하는 행동들은 대개 습관이랍니다. 이 습관이 우리의 무의식과 깊숙이 연결이 되어 있지요.

"습관은 제2의 천성이다"라는 말이 있습니다. 같은 일을 오래 반복해 습관이 되면 타고난 천성과 같다는 뜻이랍니다.

계산할 때 돈이나 카드를 던지듯이 주는 사람이 있습니다. 이는 자기 손에 쥔 돈을 내던지는 것과 다를 바가 없습니다. 평소에 "나는 잘났다"며 자신을 과시하는 사람이 있습니다. 이는 무의식에 쌓인 열등감이 겉으로 드러난 것이지요. 이런 사소한 행동들이 주위 사람들을 적으로 돌려버립니다.

당신에게 중요하지 않다고 해서 함부로 다루어도 괜찮은 사람은 없습니다. 우연히 마주친 작은 만남에도 따뜻한 미소를 보내세요. 언제나 웃는 얼굴은 우리의 마음까지도 웃게 만듭니다.

◆ 행운의 법칙 ◆
우리의 웃는 마음이 행운을 부른다.

행운을 가로막는
치명적인 3가지 감정

다른 사람을 시기하면 반드시 그 사람에게 원망받을 일이 생긴다 — 춘추좌전

◆

忌則多怨
기즉다원

"친구는 주식 투자로 몇 배의 수익을 올렸다고 좋아하고, 시누이는 몇 년 전에 사둔 상가가 곱절로 뛰었다며 즐거워하는데 좋은 마음으로 받아들이기가 힘드네요."

한 고객이 자신의 아파트 값은 반 토막이 나고, 주식은 원금을 까먹은 상태라며 불만을 털어놓았습니다. 자신의 불운도 감당하기가 힘든 판에, 이웃의 행운을 지켜보고 있자니 견디기가 더 힘들다는 하소연이었지요.

우리는 흔히 "사촌이 땅을 사면 배가 아프다"는 말을 합니다. 다른

사람이 돈을 벌거나 잘될 때 은근히 생기는 질투심의 표현이지요.

이런 질투심은 내가 가지지 못한 것을 다른 사람이 가지고 있다는 환상에서 비롯된 부정적인 감정입니다. 이처럼 누군가를 질투하면서 내 안의 부정적인 기운과 씨름을 하다보면 스스로 행운으로부터 멀어지는 결과를 초래하기가 쉽지요.

이웃의 부자를 미워하고 질투한다는 것은 '부자인 나의 모습'을 부정하는 것이나 다를 바가 없습니다. 부자를 미워하고 돈을 싫어해서는 부자가 될 행운이 찾아올 리가 없겠지요.

여러 가지 부정적인 감정 가운데 질투심이 가장 많이 자신의 행운을 파괴하고 가로막는 역할을 합니다. 남의 성공을 시기하거나 행운을 미워하면 자신에게 다가온 좋은 운과 기회도 못 본 채 놓치게 되니까요. 그래서 질투심이 많은 사람은 스스로 불운한 사람이 되고 맙니다.

저는 남의 행운을 자신의 불운과 비교하며 힘들어하는 사람들을 많이 만납니다. 다른 사람과 자신을 비교해서 스스로 행불행을 따지는 자세는 결코 바람직하지 않지요. 사람마다 행불행의 기준이 다르고, 또 행불행을 느끼는 감정도 천차만별이기 때문입니다.

다른 사람을 향한 질투심만큼이나 내 안에 후회나 죄책감을 키우는 것도 바람직한 일이 아닙니다. 후회나 죄책감은 과거의 잘못을 돌아보는 과정을 통해 우리의 내면에 고착화되는 부정적인 감정입니다. 이런 경우에는 과거의 잘못이 우리 안에서 패턴화되어 똑같은 실수를 반복하는 결과를 낳게 된답니다.

이처럼 부정적인 감정은 대개 과거에 연연한 대가들입니다. 우리가 언제나 명심해야 할 사실은 지나간 과거의 시간에 매달리는 동안 미래의 시간은 결코 오지 않는다는 것입니다.

과거에 일어난 일에 대한 반성은 언제나 필요하지만 후회나 죄책감은 불필요한 감정입니다. 우리가 기다리는 행운은 과거에서 오는 것이 아니라 미래로부터 오니까요. 그래서 지난날의 잘못까지도 긍정한다는 자세로 내일의 희망과 손을 잡는다는 마음가짐이 중요하답니다.

"그래, 지난 일은 이제 잊어버리자구. 앞으로 살아갈 날도 많은데 자꾸 뒤만 돌아볼 수는 없잖아. 그리고 주위 사람들이 운이 좋다는 것은 내게도 곧 행운이 온다는 좋은 징조야."

이렇게 담담하게 말해야 합니다. 행운은 타인을 질투하지 않은 채 조용히 기다리는 사람한테만 빅뱅처럼 폭발하기 때문입니다.

◆ 행운의 법칙 ◆
과거의 시간에 매달리면 미래의 시간은 결코 오지 않는다.

4장

時

기다리면
우리에게
오는 것들

기다리면
우리에게 오는 것들

괴로움과 즐거움을 함께 겪으며 얻은 복은 변치 않는다 — 채근담

◆

一苦一樂相磨練練極而成福者其福始久矣
일고일락상마련연극이성복자기복시구의

　51세의 나이로 독일을 통치하는 총리가 된 앙겔라 메르켈. 정치는 서독 출신의 남자들이나 하는 것이라는 통념을 깨고 최초로 총리가 된 동독 출신의 여자.
　무엇이 그녀로 하여금 이런 성취를 가능하게 했을까요? 독일을 넘어 EU의 대통령 후보로도 거론되는 그녀의 리더십을 독일의 언론인 하요 슈마허는 '기다림의 리더십'이라는 한마디로 표현했습니다.
　2009년 세계적인 금융 위기가 닥쳤을 때, 메르켈의 행보는 남달랐지요. '유럽 경제정부 창설'을 주창하며 깜짝쇼를 벌였던 니콜라

사르코지 프랑스 대통령과 다르게 그녀는 긴축 정책을 추진하며 독일을 유럽의 중심국으로 우뚝 서게 만들었습니다.

그녀는 경제 위기를 극복할 경기 부양 대책을 제대로 내놓지 못했다는 유럽 각국의 비판도 아랑곳하지 않았습니다. 미래 기술 개발을 위한 대책을 가지고 있었지만 때가 무르익기까지 참을성을 갖고 기다린 것입니다. 이후 경제 성적표는 GDP(국내총생산) 성장률, GDP 대비 재정 적자 비율 모두 프랑스를 압도함으로써 최고의 순간을 기다렸던 독일에게 승리를 안겨주지요. 이후 독일의 시사주간지 〈슈피겔〉은 그녀에게 '늦춤의 여왕(mistress of delay)'이라는 별명을 선사하기도 했습니다.

속도 경쟁의 시대일수록 느림과 기다림이 주목받고 있습니다. 여기서 느림과 기다림이라는 것은 단순히 속도 경쟁에서 뒤처진다는 의미는 아니겠지요. 세상이 빛의 속도로 움직일수록 오히려 자기만의 시간, 자기만의 페이스, 자기만의 타이밍이 더 중요하다는 의미로 받아들여야 합니다.

행운은 우리의 삶의 속도와는 무관하답니다. 행운은 다른 사람보다 빨리 쫓아간다고 먼저 손에 쥘 수 있는 성질의 것이 아니지요. 오히려 기다리면 우리에게 다가오는 것들이랍니다.

기다림이란 행운을 맞이할 마음의 준비를 하는 것이라고도 할 수가 있겠네요. 마음의 준비가 되었다면 시간에 맞춰 행운이 오는 길목에 서서 기다려야 합니다. 그리고 다가오는 행운을 기쁘게 맞이하는 것이지요.

기다림과 타이밍의 미학. 바로 운명학이 사람들에게 가르치는 처세술의 핵심이지요. 《주역》의 64괘 가운데 5괘가 바로 '때를 기다려서 나아간다'는 의미를 말하고 있답니다. 간단하게나마 그 의미를 한번 풀어볼까요?

기다리는 데 필요한 첫 번째 요건은 믿음과 확신입니다. 믿음과 확신이 있다면 기다림에 두려움이 없답니다. 믿음과 확신을 갖고 기다리는데 그 끝이 좋을 수밖에요.

마침내 때를 만났을 때는 꿈을 이루기 위해 적당한 장소로 나아갑니다. 때가 왔다는 것은 청하지 않은 세 사람의 손님이 오는 것으로 알 수가 있습니다. 청하지 않은 세 사람이란 천지인 삼재의 현신입니다. 바로 하늘과 땅과 사람이지요.

하늘이 정해준 시기와 땅이 베푼 환경이 갖춰지고, 나를 도와줄 귀인이 나타나는 순간이 기다림을 마치고 큰 강을 건너는 위대한 모험을 감행할 적절한 때라는 것입니다.

특히 귀인의 출현을 가장 가시적이고 즉자적인 타이밍의 판별 기준으로 삼아야 합니다. 그런 귀인이 내게 오는 것을 놓치지 말고, 공경해 맞이하고, 뜻을 받들어 실행하면 언제나 끝도 길하답니다.

이처럼 《주역》은 때를 기다림에 대해서도 믿음과 확신이라는 마음의 준비, 기다리는 동안의 적극적인 태도, 기다림을 끝내는 순간의 타이밍과 귀인을 공경하는 행동 등에 대해 자세하게 설명하고 있습니다.

메르켈 총리 역시 자신을 '정치적 양녀'로 삼아 성장시킨 헬무트 콜 전 총리와의 만남이 있었습니다. 애플사 창업의 계기는 외톨이 몽상가 스티브 잡스와 컴퓨터 천재 스티브 워즈니악의 만남이었지요.

이렇듯 위대한 만남이 위대한 모험을 감행하게 하고, 마침내 위대한 일을 이루어내지요. 모두 믿음과 확신이 없다면 불가능한 일들입니다.

때가 무르익기를 기다리는 데 가장 중요한 덕목은 믿음과 확신입니다. 그리고 막연한 기대나 우연을 바라고 기다리는 것이 아니라, 현재의 상황에서 무엇을 할 것인가를 진지하게 고민한 후에 믿음과 확신을 갖고 기다려야 합니다.

◆ 행운의 법칙 ◆
믿음과 확신을 갖고 때가 무르익기를 기다려라.

이것 또한 지나가리라

회오리 바람은 내내 불지 않고, 소나기도 계속 내리지 않는다 — 노자

•

飄風不終朝驟雨不終日
표풍부종조취우부종일

대학교 1학년 때, 아버지의 사업 부도로 인해 집안이 큰 홍역을 치른 적이 있었습니다. 가재도구 등 살림살이에 온통 빨간 딱지가 붙었고, 채권자들이 몰려와 아버지를 찾아내라며 난리법석을 피웠습니다.

집이 다른 사람에게 넘어가고, 어머니를 비롯해 온 식구들이 경황없이 망연자실한 상태였지만 저는 이상하리만큼 마음이 평온했습니다. 오히려 어머니와 동생을 위로하며 집안 분위기를 밝게 이끌려고 노력을 했답니다. 뭔가 도움이 되기 위해 급히 집을 찾아온 아버지의 친구 분들이 아무 일도 없다는 듯이 태연자약한 저의 모

습을 보고 오히려 당황할 정도였습니다.

친한 친구를 비롯해 제 주변에는 아무런 내색을 하지 않았습니다. 여느 때와 다름없이 친구들의 고민을 해결해주며 학교 생활에도 충실했지요. 그래서 몇 년이 흐른 뒤 부도 사실을 안 친한 친구들에게 섭섭하다는 원망을 많이 듣기도 했습니다.

어떻게 집안에 큰일을 당하고 태연할 수 있었느냐구요? 운의 원리를 알기 때문입니다. 달이 찰 때가 있으면 기울 때도 있기 마련이지요. 승승장구의 기쁨을 누리는 시기가 있다면, 내리막길의 시련을 겪는 것은 어쩌면 당연한 일이랍니다. 산이 높으면 골이 깊고, 골이 깊으면 산이 높은 게 변함없는 자연의 이치 아니던가요?

하늘의 태양은 땅을 가리지 않고, 땅 위에 부는 바람은 나무를 가리지 않습니다. 세찬 비바람처럼 몰아치는 삶의 어려움도 사람을 가리는 법이 없답니다. 사업 실패, 병마, 이혼, 이별, 배신, 경제적 어려움 등등 누구나 종류는 다르지만 살아가면서 넘어야 하는 고비들이 있습니다. 단지 삶의 시련을 대하는 태도에 따라서 그 결과가 달라질 뿐이랍니다.

제가 만난 사람들 가운데는 우리나라 상위 1% 이내에 들어가는, 이른바 '잘난 사람'들이 많답니다. 예를 들면 평소에 주위 사람들부터 다음과 같은 부러움 섞인 시샘을 받는 사람들이지요.

"저런 사람에게 무슨 어려움이 있을까? 우리같이 돈 없는 사람의 고통을 알기나 할까?"

"저 사람은 없는 게 없는데 얼마나 좋을까? 세상 참 불공평하다니까."

과연 그들이 실제로 아무런 문제가 없는 삶을 살아갈까요? 제가 만난 사람들 가운데 아무런 문제가 없는 사람은 한 명도 없다는 사실을 저는 자신 있게 말할 수가 있습니다. 그들은 오히려 세상의 거친 풍파를 누구보다 많이 겪은 사람들이지요.

사회적으로 성공한 사람들의 공통점을 하나 꼽으라면 삶의 시련을 대하는 태도가 다르다는 점을 들 수가 있습니다. 그들은 "왜 내게 이런 일이 닥쳤을까요?"라며 절망에 빠지기보다는 "이 사건에서 얻어야 할 교훈이 무엇인가요?"라는 질문을 하는 사람들이랍니다.

그들은 삶의 시련이 닥치면 마냥 힘들어하기보다는, 높은 봉우리를 향해 가는 하나의 여정이라고 생각하지요. 그래서 삶의 고통에 집착하지 않고, 그 고통이 주는 교훈에 눈을 돌린답니다.

혹시 지금 삶의 시련 앞에 서서 힘들어하고 있나요? 그렇더라도 남을 비난하거나 자신을 원망하지는 마세요. 아무리 견디기 힘든 시련이라 할지라도 슬퍼하고 절망하고 괴로워하는 시간은 하루면 충분하다는 사실을 항상 명심하세요.

그리고 다음과 같은 운의 원리를 떠올리기 바랍니다.

"지금 내 마음가짐이 어려움을 더 크게 할 수도 있고, 작게 할 수도 있다. 모든 게 내 마음 먹기에 달렸다."

그렇습니다. 모든 것은 마음이 지어낸다는 가르침입니다. 이러한 운의 원리를 명심하면 어떤 어려움도 견딜 수 있을 뿐만 아니라, 심지어는 아무렇지 않은 일로 그냥 지나칠 수도 있답니다.

당신이 살아가면서 겪게 되는 어떤 시련도 완벽하게 피할 수는 없답니다. 단, 어떤 시기에 어떤 힘든 일이 닥쳐올 지를 안다면 시련의 크기를 3분의 1에서 10분의 1까지 줄이는 것은 가능하답니다. 이는 현실에서의 행동 전략과 마음 관리로 가능합니다.

"몇 월 몇 일이 지나면 지금의 어려움이 끝날 것입니다"라는 말은 지금 시련을 겪고 있는 고객을 컨설팅할 때 제가 꼭 하는 말입니다. 어떠한 시련이든 끝이 있고, 또 배워야 할 교훈이 있기 마련이니까요. 지금 힘든 시간을 보내고 있다면, 곧 행복을 누릴 시간이 다가오고 있다는 것을 느끼고 믿어야 합니다.

유대인의 지혜서 《미드라쉬》에 나오는 다윗 왕과 솔로몬 왕자에 대한 이야기입니다. 어느 날 다윗 왕이 궁중 세공인에게 자신을 위한 반지를 만들 것을 명령했습니다.

"나를 위해 아름다운 반지를 만들어라. 그 반지에는 내가 큰 승리를 거두었을 때 자만심을 억누르고, 또 절망에 빠졌을 때 용기를 줄 수 있는 글

귀를 새겨 넣어라."

아무리 생각해도 적당한 말을 생각하지 못한 세공인은 솔로몬 왕자에게 자초지종을 이야기하고 부탁을 했습니다. 그러자 솔로몬 왕자가 반지에 새길 글귀를 말해주었습니다.

'이것 또한 지나가리라.'

♦ 행운의 법칙 ♦
삶의 고통에 집착하지 말고, 고통의 교훈에 눈을 돌려라.

큰 꿈일수록
기다림의 시간이 길다

좋은 일이 이루어지려면 오랜 시간이 걸리지만,
나쁜 일은 순식간에 이루어진다 — 장자

◆

美成在久惡成不及改
미성재구악성불급개

한 분야에서 큰 업적을 이루었거나, 사회적으로 성공을 거둔 사람들은 한결같이 "운이 따라주었습니다"라는 표현을 즐겨 사용합니다. 그리고 자신의 작은 성취까지도 "나는 운이 좋습니다"라며 주위 사람들에게 인사처럼 말하는 사람들도 있습니다.

마찬가지로 최고의 조건과 최상의 능력과 최선의 노력을 다했음에도 기대에 못 미치는 성과를 거두었을 때 "운이 나빴다, 운이 따라주지 않았다"며 불운의 탓으로 돌리는 경우도 많이 봅니다.

행운과 불운.

우리 삶에서 가장 많이 회자되는 단어들입니다. 그 의미와 해석은 사람마다 제각각이지만 우리 삶의 중요한 영역을 차지하고 있는 것 만큼은 사실입니다. 일부 미신으로 치부되기도 하지만, 이는 우리가 알고 보이는 만큼만 세상이라고 우기는 어리석음과 다를 바가 없지요. 운의 세계는 우리가 알고 있는 세상 이외의 세상이니까요.

26년 동안 4만여 명의 행운과 불운을 꼼꼼히 살펴보고 연구한 결과에 따르면 운은 보편적인 체계 안에서 일정한 법칙에 따라 움직이는 과학의 세계입니다. 그렇기 때문에 행운과 불운의 실체와 의미를 정확하게 파악하면 인생의 길흉화복을 스스로 만들어갈 수가 있답니다.

이처럼 운은 우리 삶에 작용하는 필연적이면서 초월적인 힘입니다. 그 이유는 바로 불규칙적 규칙성, 비논리적 논리성, 비합리적 합리성으로 우리 삶을 지배하기 때문입니다.

당신은 어느 분야에서 성공을 하겠다는 포부를 가지고 있나요? 당신의 힘으로 꿈을 이룰 수 있다고 믿나요?

그렇다면 당신은 운의 과학을 믿어야 합니다. 하나의 작은 생명이 태어날 때도 온 우주의 에너지가 움직인다고 했습니다. 당신의 삶을 성공으로 이끌기 위해서는 행운의 힘을 알고 잘 활용할 수 있어야 한다는 이야기입니다.

큰 꿈을 꾸는 사람일수록 기다림의 시간도 길어지는 법입니다. 1%가 되기 위해서는 최소 10년의 세월이, 0.1%가 되기 위해서는 15년의 세월이 걸립니다. 대기만성이라는 말처럼 큰 꿈을 담을 그릇은 쉽게 채워지지 않는답니다.

그리고 기다림의 요체는 믿음과 확신이라고 했습니다. 만약 이루고 싶은 꿈이 있다면, 그리고 그 꿈을 이루기 위해 오랜 세월을 기다려야 한다면 마음이 흔들리지 않도록 잘 관리해야 합니다. 믿음과 확신이 있다면 오랜 시간을 기다려도 두려움과 불안 때문에 마음이 흔들리는 일은 적겠지요.

다음으로 0.1%가 되기 위해서는 때로 99.9%의 사람들이 가지고 있는 일상적인 욕망을 포기하고 멀리할 수 있어야 합니다. 이는 달콤한 욕망에 안주하려는 마음과는 다르답니다. 다른 사람이 앞서 가는 느낌, 현실에 만족하려는 마음, 실패할 수도 있다는 불안이 밀물처럼 몰려와도 흔들림이 없어야 합니다.

"불가능한 일은 없다, 단지 시간이 더 걸릴 뿐이다"라는 말이 있습니다. 대개의 사람들은 자신이 가진 운의 100%까지 채워진 적이 거의 없기 때문에 충분히 얻을 수 있는 것들마저 포기해버리곤 합니다. 그러나 자신의 내면을 살펴볼 때, 나에게 맞는 목표인가가 중요할 뿐, '과연 내가 해낼 수 있을까?'라는 의심은 오히려 꿈의 실현에 장애가 되고 말지요.

믿음과 확신을 가진 사람에게는 신기루처럼 보이는 행운이 현실로 나타날 것입니다. 이것이 운의 원리입니다.

운의 세계란 비가 온다고 했는데 오지 않을 수도 있는 일기예보

와는 다릅니다. 오히려 운의 세계는 뿌린 대로 거둔다는 자연의 섭리를 충실하게 따른답니다. 우리의 의식과 무의식에, 마음과 말과 행동으로 행운의 씨앗을 뿌려 때가 되면 한 치의 오차도 없이 행운의 열매를 수확하는 것입니다.

물론 오랜 기다림이 분명 쉬운 일은 아닙니다. 특히 기다리는 과정이 마냥 괴롭고 힘들기만 하다면 당신이 이루고자 하는 꿈과 목표가 당신의 것이 아닐 수도 있습니다. 이런 느낌이 있다면 당신의 꿈과 믿음을 한번 점검해보아야 합니다.

행운을 기다릴 때는 즐겁고 설레고 편안한 마음이어야 합니다. 사랑하는 사람을 기다릴 때의 설레는 마음, 사랑하는 사람에 대한 믿음, 사랑하는 사람과 함께 있을 때의 편안함처럼 누군가를 사랑하는 마음으로 행운을 기다려야 합니다.

◆ 행운의 법칙 ◆
누군가를 사랑하는 마음으로 행운을 기다려라.

세상일에
늦은 때라는 것은 없다

잘못된 길을 돌아오면 후회가 없이 길하다—역경

◆

不遠復无祗悔元吉

불원복무지회원길

"이미 시작했는데 어떡하죠? 아, 후회가 되네요. 조금만 더 일찍 알았더라면……."

대형 사설요양원을 인수한 K대표는 전혀 예상치 못한 문제들로 인해 큰 어려움을 겪고 있었습니다. 요양원을 운영해본 경험이 없었던 그는 내부 직원들 사이의 갈등을 해결하지 못해 전전긍긍하고 있었습니다. 실제로 사업운도 별로 좋지 않은 시기로 접어들고 있었습니다.

"아니요, 너무 늦은 때란 없습니다. 일단 지금까지 걸어온 길을 인정하고 바로 여기에서 시작해야 합니다. 후회는 전혀 도움이 되지 않아요. 지금은 그 결정으로 얻게 된 고통을 교훈으로 간직하세요. 그리고 여기에서 벗어나 좋은 방향으로 나아가기 위한 전략을 세워야 할 때입니다. 제가 살펴보니 분명 길이 있습니다. 다만 용기를 내셔야 합니다."

저는 말 한 마디 한 마디에 좋은 기운을 담아 전하겠다는 일념으로 또박또박 조언을 했습니다. 제 말을 듣는 동안 K씨의 얼굴 표정이 조금씩 밝아졌습니다. 그리고 헤어질 때는 "가슴속의 큰 돌덩이 하나를 내려놓은 기분입니다"라는 인사까지 했습니다.

K씨뿐만 아니라 많은 사람들이 잘못된 선택을 한 후 뒤늦게 안타까워하는 경우가 많습니다. 물론 모든 결정이 다 좋은 결과를 가져올 수는 없지요. 마찬가지로 잘못된 결정이 다 잘못된 결과를 만들어내지도 않는답니다.

우리의 선택이 중간에 어떠한 변수도 없이 100% 결과로 직결되는 경우는 복권이나 로또밖에 없답니다. 우리 삶이 복권이나 로또는 아니지요. 때문에 100% 맞고 틀린 선택이나 결정은 없답니다. 선택은 언제나 시작일 뿐이고, 따라서 세상일에 늦은 때라는 것은 없는 것이니까요.

만약 초기에 잘못된 길로 들어섰다는 사실을 깨달았다면, 즉시 그 길에서 벗어날 수 있는 용기가 필요합니다. 실패의 경험을 통해 성공의 길을 찾는 게 중요하니까요. 그런데도 굳이 잘못 들어선 길을 고집하는 것은 내리막길에서 가속페달을 밟는 것과 마찬가지랍니다.

프랑스의 시인이자 사상가인 폴 발레리는 "용기를 내어서 당신이 생각하는 대로 살지 않으면 머지않아 당신이 사는 대로 생각하게 될 것이다"라고 말했습니다. 잘못된 길을 선택하고, 잘못된 길을 계속 걸어가면, 결국 나중에는 잘못된 생각을 하게 되겠지요.

사람들은 대개 운이 좋지 않은 시기에 잘못된 결정을 내립니다. 그 길이 자신에게 맞지 않는지도 모르고 그 길로 들어서게 되지요. 그러나 많은 사람들이 어느 정도 시간이 지난 다음에는 진실을 깨닫게 된답니다.

이때가 하나의 갈림길이지요. '그냥 앞으로 나아가느냐, 아니면 뒤로 돌아가느냐?'라는 선택을 해야 하는 순간입니다. 자신의 길이 아니라는 판단이 서면 돌아서야 합니다. 잘못된 선택을 가지고 좋은 결과를 얻으려는 시도는 만용이랍니다. 만에 하나 운이 좋은 시기로 바뀌어 좋은 결과를 얻었더라도 일회성에 그치는 경우가 대부분이지요. 내 운이 어떠한 방향으로 움직일 때, 어느 타이밍에 결정을 내리느냐가 결과의 수명을 좌우한답니다.

성공 신화를 맹신하다가 결국 실패의 길로 들어서고 마는 예는 우리 주위에 차고도 넘치지요. 그러나 자신의 잘못을 깨달았을 때 진정으로 인정하는 것이 참용기입니다.

그리고 자신에게 맞는 길을 찾았다면 반드시 변화를 시도하는 용기가 바로 행운을 불러들이는 힘이랍니다. 행운은 언제나 변하고 움직이는 곳에 있다는 사실을 명심하세요.

"주위 사람들에게 실패자라고 낙인찍히면 어떡하지?"
"끝까지 하다 보면 무슨 수가 생기지 않을까?"
"앞으로도 계속 이런 식으로 일을 하면 내가 다른 일을 잘할 수 있을까?"

자신에 대한 불안, 주위의 부정적인 시선 등은 당신의 마음속에서 깨끗이 지우기 바랍니다. 당신은 실패를 할 수도 있고, 실수를 할 수도 있습니다. 당신 스스로 완벽하지 않다는 사실을 인정하고, 스스로에게 한없이 너그러워지는 선물을 주세요.
스스로에게 너그러운 사람만이 행운을 마음껏 누릴 수 있습니다.

◆ 행운의 법칙 ◆
자신이 완벽하지 않음을 인정하고, 스스로에게 너그러워져야 한다.

운명은
변하고 움직이는 것이다

물에 빠진 후에 배를 부른다—통속편

◆

及溺呼船

급익호선

운을 전혀 의식하지 않은 채 살아가는 사람들조차도 인생에서 결정적인 선택의 순간들을 맞습니다. 작은 변화들이야 무심하게 넘어갈 때가 많지만, 삶의 큰 변화를 예고하는 갈림길에 서 있을 때는 느낌이 다를 수밖에 없지요.

결정적인 선택의 순간에 외길이란 없는 법입니다. 몇 갈래의 선택지가 당신의 선택을 기다리지요. 사람과 시기에 따라 다르지만 적게는 2개, 많게는 4개까지 선택지가 어김없이 주어집니다.

사다리 타기 게임이란 게 있습니다. 일명 복불복 게임이라는 별명처럼 종이에 먼저 세로로 직선을 그은 다음 랜덤으로 가로선을 그어서 사다리 게임판을 만들지요. A를 고르면 이 결과, B를 고르면 저 결과를 예측한다는 것이 애초 불가능한 게임입니다. 스스로 원하는 결과를 기대하면서 하나의 선택지를 고르지만 결과는 대부분 예상을 빗나가게 됩니다.

사다리 게임은 하나의 선택지를 따라 정해진 방향을 따르다 보면 세로선과 가로선이 만나는 교점에서 무조건 90도 각도로 방향을 꺾어야 합니다. 교점을 만나기 전까지는 한 방향으로 진행하도록 되어 있습니다.

우리에게 주어진 행운의 행로도 이와 비슷하게 진행을 합니다. 하나의 방향성이 결정되면 그때부터 일정 기간은 정해진 행로를 따라가게 되어 있답니다. 다음 선택의 순간을 만나기까지는 혼자의 힘으로 바꿀 수 없는 선로 위의 기차와 같은 운명이지요.

"그렇다면 우리의 운명은 정해진 것인가요? 아니면 인간의 의지에 따라 변할 수 있는 것인가요?"

평소에 가장 많이 받는 질문입니다. "팔자 도망은 못 간다"는 옛말이 있듯이 운명은 정해진 것이라고 믿는 사람도 많이 있습니다. 그렇다면 운명이 정해져 있다는 말의 의미를 운명학으로 한번 해석을 해볼까요?

한 사람의 성향이 크게 바뀌는 일은 거의 없기 때문에 그 사람의 선택을 어느 정도 예측할 수 있다는 전제는 가능합니다. 특정한 사람이 지금까지 A라는 삶을 살아왔다면 다시 A를 선택할 가능성은 90% 이상이라는 게 운명학이 증명하는 예측 데이터입니다.

물론 B라는 삶을 선택할 수 있는 자유는 있습니다. 그런데 A라는 삶을 살아왔는데 B라는 삶을 선택하면 어떤 일이 일어날까요? 버스 정류장에서 버스를 잘못 타는 바람에 전혀 생소한 길을 갈 때 느끼는 감정이나 기분에 비유할 수가 있겠네요. 어디를 향하는지를 모르는 막연한 불안감과 내가 갈 길이 아닌 듯한 불편함을 느끼는 것은 당연지사이겠지요. 물론 도중에 내리는 것은 자유입니다. 단지 한번 선택한 뒤, 이전으로 되돌리려 하는 것은 시간과 에너지의 낭비가 많다는 사실을 명심해야 합니다.

행운은 당신이 변하고 움직일 때 온다고 했습니다. 만약 다른 노선의 버스를 탔다면 그것은 행운의 기회를 잡았다는 이야기일지도 모릅니다. 여태껏 만나지 못했던 행운들을 줄줄이 만날 수도 있답니다. 이처럼 당신이 스스로 만든 감옥에서 자유로울 수 있다면, 운명은 절대로 정해진 것이 아닙니다.

다시 사다리 타기의 이야기로 돌아가 볼까요? 당신은 사다리 타기 게임의 결과가 마음에 들지 않을 수 있습니다. 그렇다고 다시 거슬러 갈 수는 없지 않겠습니까? 당신이 인생에서 A를 선택하고 그 결과를 맞이하는 순간이 왔을 때, 마음에 들지 않는다고 B라는 선택지로 되돌아갈 수는 없지요. 하나의 게임이 끝나면 새로운 게임을 다시 시작할 수밖에 없습니다.

　과거에 선택을 잘못했던 원인이나 이유에 대한 반성과 학습은 다음 선택에서 현명한 결정을 내리는 데 도움이 되기도 합니다. 인생에서 언제나 배우려는 자세를 갖고 있는 사람만이 점점 행운의 그릇을 넓혀갈 수 있답니다. 잘못이나 실수는 누구나 할 수 있지만 계속 되풀이한다면 어리석은 일입니다.

　과거의 어떤 결정을 후회하는 사람에게 저는 "그 일이 5년 뒤 다시 일어날 수 있답니다"라는 경고를 합니다. 이는 스스로 자기반성과 성찰을 게을리하지 말라는 당부이기도 합니다.

　운명학적으로 갈등을 이겨내고, 또 힘든 선택을 해야 하는 상황은 수년 혹은 십 수년의 주기로 반복되기 마련입니다.

　당연한 듯이 습관적으로 늘 타던 버스를 선택할 것이 아니라, 당신은 제대로 된 행운의 버스를 타야 합니다.

◆ 행운의 법칙 ◆
자기반성과 성찰을 게을리하지 마라.

아무리 좋은 소운도
대운을 이기지 못한다

하늘의 뜻은 미리 정해진 것이 아니다—서경

◆

天難諶命靡常
천난심명이상

"이번 대통령은 어떤 사람이 될 거라고 생각하세요?"

"누가 대표이사 자리에 오를까요? 혹시 S대 라인에서 발탁되는 거 아닐까요?"

"이번 장관 인사가 제 앞날을 결정합니다. 제가 차관 승진의 기회를 잡든지, 아니면 후배가 될 경우 옷을 벗어야 하거든요."

선거철 또는 연말의 대기업 인사철이 되면 많이 받는 질문입니다. 이럴 경우 대개 특정인의 사주나 팔자를 중심으로 운명을 판단하고, 자신의 미래에 어떤 영향을 미칠지 따져보는 게 일반적입니다.

물론 한 나라의 대통령이 누가 되는지, 또는 기업의 수장이 누가 되는지에 따라 많은 사람의 운명이 엇갈리기도 합니다. 그러나 한 국가와 한 회사의 수장은 그 당사자의 운보다는 국가 또는 회사의 운을 중심으로 보는 게 바람직하답니다.

예를 들면 안정적이고 보수적인 인재가 필요할 때가 있고, 역동적이고 개혁적인 인재가 필요할 때가 있는 법이지요. 즉 개인의 운보다는 국가나 회사의 운이 훨씬 중요한 요소로 작용하게 됩니다. 겉으로는 인물이 흐름을 주도하는 것처럼 보이지만, 속으로는 보이지 않는 큰 흐름이 인물을 선택하는 것으로 해석해야 합당하지요.

국가나 회사가 성장기에 들어섰을 때 크게 뛰어난 인물이 선택되었다면 성장세가 커지지만, 능력이 부족한 인물이라 하더라도 성장세가 소폭 줄어들 뿐 역전이 되지는 않는답니다. 반대로 하강 국면에서는 아무리 위대한 인물이라고 해도 손실의 폭을 줄이는 데 기여를 할 뿐 내리막의 흐름을 되돌려 놓지는 못합니다.

국가의 지도자나 기업의 대표라는 자리는 비록 큰 흐름을 만들어내지는 않지만 많은 사람들에게 큰 영향을 미치게 되어 있습니다. 그래서 조직의 수장과의 관계는 반드시 조직의 차원과 개인의 차원을 함께 고려해서 살펴보고 판단하는 게 좋습니다.

만약 당신이 한 회사의 중간관리자라면 어떻게 대처해야 하는지 한번 살펴볼까요? 우선 회사가 안정과 개혁 가운데 어느 쪽에 무게중심이 실린 인사를 했는지 살피는 게 중요합니다. 그다음에 조직의 수장과 자신의 성향을 비교하면서 자신의 위치 선정이 어떠해야 하는지 곰곰이 생각해야 합니다. 적극적으로 나설 때인지, 아니면 뒤로 조금 물러나서 때를 기다리는 게 옳은지 현명한 판단을 내려야지요.

이것은 자신이 몸담고 있는 회사 차원을 넘어 업계의 흐름과 국내 정세도 함께 종합적으로 고려하는 판단력을 의미합니다. 만약 회사가 안정기에 있다고 해도 국내 경제의 호황기와 불황기에는 각각 그 흐름이 요구하는 인물이 다를 것이기 때문입니다.

소운이 아무리 좋아도 대운을 이기는 법은 없습니다. 소운은 항상 대운의 영향권 아래에 놓여 있다고 보아야 합니다. 한 개인의 운에 있어서도 마찬가지입니다. 좋은 대운 아래의 가장 나쁜 소운이라도, 나쁜 대운 아래의 가장 좋은 소운보다는 최소 2배 이상 일이 수월하게 풀린답니다.

따라서 우리는 국운이나 회사운에 직간접적으로 관계를 가지고 상황의 변화에 따라 크고 작은 영향을 받을 수밖에 없습니다. 세계의 흐름과 함께 변화하는 국운, 그리고 회사운까지 관심의 폭을 넓혀가야 합니다. 세계의 큰 흐름이 국가의 정책에 영향을 미치고, 또 국가의 정책이 기업의 경영 전략에 영향을 미치게 되어 있습니다.

운의 방향과 타이밍을 알기 위해서는 세상의 변화에 관심의 끈을 놓지 않아야 합니다. 그 흐름 속에서 당신의 위치를 살필 때 당신의 존재에 대한 자각이 생겨나니까요. 당신이 태어나고 자란 땅과 지금 살아가는 시기는 결코 우연의 산물이 아니라는 사실을 명심하세요. 운의 세계는 언제나 큰 흐름과 작은 흐름이 유기적으로 상호작용하면서 필연적인 결과를 만들어낼 뿐입니다.

◆ 행운의 법칙 ◆
큰 흐름 속에서 자신의 위치와 타이밍을 살펴라.

행운은
기다림과 타이밍의 미학이다

좋은 운수를 만나고 못 만나는 것은 때에 달렸다 ― 순자

•

遇不遇者時也
우불우자시야

"저에게 비어 있는 부사장 직을 제안하면 어떻게 답하는 것이 가장 좋을까요?"

대기업 전무인 K씨에게 연락이 왔습니다. 최고경영자까지 올라가 보겠다던 그는 자신의 꿈에 한 발 더 다가선 듯한 기대감에 목소리도 떨리고 있었습니다.

"전무님, 지금은 사양하는 태도를 취하는 것이 좋겠습니다. 운이 좋아지려면 아직 조금 더 남았는데도 이런 제의가 들어왔다면 분명히 잠시 높

이 올라갔다가 더 크게 추락할 일이 발생할 징조랍니다. 지금은 위아래 인맥을 잘 정리하시는 등 그릇을 단단하게 하셔야 할 때이지 채우실 때가 아닙니다."

이런 조언을 하자 K전무는 의외의 답을 했습니다.

"실은 저도 아직은 역량을 좀 더 키워야겠다는 생각을 하고 있었습니다."

그는 조금 더 때를 기다리는 쪽을 선택한 것입니다. 대기업 임원으로서 뿌리치기 힘든 승진 유혹에 현명하게 대처한 K전무. 과연 될 사람은 그릇이 다르구나, 라며 개인적으로 감탄을 하게 했던 주인공입니다. 결국 K전무의 경쟁자가 그 자리를 차지했습니다.
그리고 아니나 다를까. 그는 전임자의 잘못으로 인해 발생한 소송의 회사 책임자로 법정에 서야만 했습니다. 여러 재판에 불려 다니느라 경영 능력을 발휘할 기회조차 잡지 못했던 것입니다. 설상가상으로 각종 소송 때문에 회사의 주가가 떨어지고, 실적도 전년 대비 70%까지 떨어지는 등 개인은 물론 회사까지도 최악의 상황에 몰렸습니다. 새로 부사장 자리에 오른 사람은 아직 입지 말아야 할 옷을 입은 채 그 무게에 짓눌려 제대로 운신을 못한 것이지요.
이때 K전무가 보여준 신중함과 겸손함을 높이 평가한 그룹 회장과 경영진은 결국 3년 뒤 K전무를 CEO의 자리에 앉혔습니다. 타고난 그릇이 크다고 해도 제 능력을 발휘하려면 닦고 손질하는 데 긴 시간이 걸리게 마련입니다. 그러니 지금 당장 어떠한 기회가 왔다고 해서 무턱대고 덥석 물 일은 아니랍니다.

'인생에는 누구나 세 번의 기회가 있다' 라고 하지만 실제로는 그렇지 않습니다. 제가 검증한 바에 따르면 대부분의 사람들이 세 번 이상의 기회를 가지며, 평소 마음 관리를 어떻게 하느냐에 따라 열 번의 기회도 불러올 수 있답니다. 반면에 기회처럼 보이는 미끼들 역시 반드시 세 번 이상 오지요. 독을 감춘 달콤한 과자가 눈앞에 영광을 약속하며 사람을 유혹합니다. 그걸 그대로 삼켰다가는 화의 근원이 된답니다. 화를 부르는 미끼의 경우에도 시기와 크기는 각각 다르지만, 달콤한 과자처럼 약속된 결과로 사람을 유혹하지요. 실제로는 화의 근원이 되는데도 말입니다.

운의 과학에서 말하는 기다림은 감나무 아래 누워 감이 떨어지기를 기다리는 것과는 다르답니다. 자신의 게으름을 정당화시키는 소극적인 기다림이 아니라 적극적인 기다림입니다. 꿈을 이루기 위해서는 자신만의 행운을 준비하는 자세와 행운이 꼭 온다는 믿음은 반드시 필요한 요소입니다. 그래야 운이 나쁜 시기에 찾아오는 달콤한 유혹에 쉽게 흔들리지 않는답니다.

투자의 귀재로 불리는 워렌 버핏은 자신의 투자 기법을 야구에 비유하기도 했습니다.

"일류 야구 선수는 아무 볼이나 치지 않습니다. 자신이 좋아하는 구질의 공이 들어올 때까지 꾸준히 기다립니다. 그 결과 좋은 성적을 거둘 수 있습니다. 하지만 일반 타자는 좋은 공과 나쁜 공을 구별할 줄 알아도 쳐야 한다는 욕심 때문에 기다림에 약합니다. 바로 그게 문제입니다."

기회인가 미끼인가를 판단하기 위해서는 외부에서 눈을 거두고 먼저 자신의 그릇과 타이밍을 살펴야 합니다. 한 발 떨어져서 스스로를 냉정하게 평가할 수 있어야 합니다. 이런 태도는 자신감의 부족이 아닙니다. 적극적이고도 신중한 기다림이지요. 나를 먼저 돌아보고 결정을 내릴 수 있는 능력은, 때를 만났을 때 '최고의 나'를 보여줄 수 있다는 믿음이 있어야 가능하니까요.

당신은 자신이 좋아하는 구질과 코스로 공이 들어올 때까지 기다려야 합니다. 누구나 좋아하는 공과 자신이 좋아하는 공을 구별하는 선구안은 바로 기다림입니다.

믿음과 신념을 가지고 기다리면 최고의 공, 최고의 행운이 농구공만 한 크기로 당신을 향해 곧장 날아옵니다.

◆ 행운의 법칙 ◆
좋아하는 구질과 코스로 공이 들어올 때까지 기다려라.

콩 심은 데 콩 나고, 팥 심은 데 팥 난다

화와 복은 서로 공존한다—노자

禍兮福之所倚福兮禍之所伏

화혜복지소의복혜화지소복

운이 좋은 시기에는 많은 것들이 원하는 대로 술술 풀린답니다. 말 그대로 신이 나고 자랑이 늘어지지요. 하늘 높은 줄 모르고, 나는 새도 떨어뜨릴 기세로 제 세상을 만난 듯 활개를 치고 돌아다니게 됩니다.

자기 능력을 과신한 나머지 여러 가지 사업을 벌이기도 합니다. 자신의 잘못에 대한 다른 사람의 비판은 시기심 때문으로 치부해버릴 뿐이지요. 이러한 자만심에서 비롯된 과한 행동은 다음에 찾아오는 운이 나쁜 시기에 생겨날 화를 미리 심어놓는 셈입니다.

과연 운이 좋다고 해서 성공의 요인을 100% 자신의 능력 덕분으로 돌려도 될까요? 온전히 한 사람의 힘만으로 이룰 수 있는 일이 얼마나 많을까요?

자신의 능력과 노력 이상의 성과를 거두었다는 느낌이 든다면 행운의 덕으로 돌려야 합니다. 아울러 주위 사람들과 세상에 감사해야 할 일이지요. 운이 아주 좋을 때는 행운과 능력의 비례를 8 대 2 정도로 평가하는 게 바람직합니다. 운이 좋은 시기일수록 겸손함과 신중함은 아무리 강조해도 지나침이 없답니다.

반대로 운이 나쁜 시기에는 되는 일이 없는 것처럼 보입니다. "이 시기는 인생의 안식년과 같습니다. 활동하실 때가 아닙니다"라는 충고를 드리는 시기입니다. 이 시기에는 벌이는 일마다 실패를 하든지, 아니면 예상과는 달리 나쁜 일들이 연이어 일어나지요.

"비가 올 때는 소나기처럼 쏟아진다"라는 서양의 속담처럼 나쁜 일은 한꺼번에 닥칩니다. 잘나가던 사업이 어려움에 처하거나, 갑자기 몸에 병마가 찾아온다거나, 믿었던 사람으로부터 배신을 맛보는 등 마치 급류에 휩쓸려가듯이 떠밀려 간답니다.

운이 나쁜 시기에는 지나치게 개인의 능력 탓을 하며 자책하는 것은 삼가는 것이 좋답니다. 하늘에서 내리는 소나기를 누군들 막을 수가 없지요. 소나기가 세차게 내릴 때는 그저 몸을 피한 채 그치기를 기다리는 게 상책입니다. 소나기가 그친 다음에 얼굴을 내미는 쨍쨍한 햇살을 맞이할 준비를 하며 기다려야 합니다.

"고 3이 되었다고 생각하세요."

힘든 시기를 보내는 사람들에게 제가 주는 조언입니다.

대학 입시를 준비하는 고등학교 3학년 학생들은 여러 가지로 힘든 시간들을 보내야 합니다. 원하는 대학의 합격을 목표로 1년 365일을 수도승과 같은 삶을 사는 것이지요. 한창 하고 싶은 것도 많은 나이인데 많은 것을 포기하고 끊임없이 노력해야 합니다.

이런 노력들이 바로 1년 후에 합격이라는 달콤한 열매를 수확하기 위해 뿌리는 행운의 씨앗이랍니다. 힘든 시기일수록 밭을 갈고, 씨앗을 뿌리고 가꾸는 일에 더욱 힘을 쏟아야 합니다. 물론 그 일의 종류는 개인마다 각기 다르겠지요. 그러다 보면 어느 날 바로 눈앞에 크고 달콤한 열매들이 주렁주렁 매달려 있는 기적을 체험하게 될 것입니다.

행운의 원리는 가만히 보면 자연의 이치와 정확하게 일치합니다. 콩 심은 데 콩 나고, 팥 심은 데 팥이 나지요. 씨앗을 뿌려야 할 시기에 추수를 위해 낫을 들어봐야 헛수고입니다.

지금 당신은 운이라는 배를 타고 있습니다. 운이 좋은 시기에는 가고자 하는 곳으로, 또는 기대 이상의 좋은 곳을 향해 빠른 속도로 물이 흘러갑니다. 배는 물 위에 떠 있기만 할 뿐 정해진 항로를 따라 물이 흘러갑니다. 다만 이 시기에 자만심에 빠져 함부로 노를 젓다가는 다음 시기에 배가 급류에 휘말릴 수도 있음을 유념해야 합니다.

　반대로 운이 좋지 않은 시기에는 배가 엉뚱한 방향으로 나아갈 수 있습니다. 물살이 거칠 뿐만 아니라, 배가 어느 쪽으로 가는지도 알 수가 없지요. 배를 멈추고 싶다고 해서 멈춰지지도 않습니다. 그렇다고 배를 뒤집어서는 안 됩니다. 거친 소용돌이의 물살을 헤쳐 나가면 어느새 잔잔한 물결이 당신의 배를 행운의 바다로 데려다 주기 때문입니다.

　그래서 운이 좋은 시기여서 행복하게 지내고, 운이 나쁜 시기여서 불행한 시간을 보내서는 안 됩니다. 각각의 시기에 나타나는 당신의 모습을 찬찬히 살펴보세요. 아마 당신의 장점과 단점을 동시에 보게 될 것입니다. 그리고 좋은 시기에는 감사하는 마음으로, 나쁜 시기에는 때를 준비하며 기다림을 즐기는 마음으로 자신의 행복한 삶을 살아야 합니다.

　어떤 시기라도 당신의 장단점을 그대로 받아들이고 함께 가야 합니다. 당신을 사랑하고 긍정해야 행복한 삶을 살 수 있으니까요.

◆ 행운의 법칙 ◆
힘든 시기일수록 밭을 갈고 씨앗을 뿌려라.

삶의 자유가
행운을 부른다

억지는 실패를 부르며, 집착과 고집은 다 잃게 한다—노자

◆

爲者敗之執者失之
위자패지집자실지

"정말 별다른 문제가 생기지 않을까요? 이렇게 아무 행동을 하지 않아도 괜찮을까요? 걱정이 좀 되네요."

"문제가 생기지 않는 정도가 아니에요. 왜 하는 게 없는데도 저절로 일이 잘 풀리나, 하고 신기해할 일이 생길 겁니다."

남편과 함께 사업을 하는 K씨는 몇 번을 되물어 보고도 안심을 못하는 눈치였습니다. 사소한 문제라도 자신이 나서서 해결해야 안심하는 그녀로서는 가만히 있다는 것이 아마 견디기 힘든 고문이었을 겁니다.

특히 새로 사업장을 넓히는 데 중요한 부동산 계약이 난항을 겪고 있을 때였으니까요.

"앞으로 2개월 동안, 아무런 행동도 취하지 말고 그대로 계세요. 그동안 상황이 변해서 지금의 어려움이 절로 해소될 것입니다. 지금 원하는 조건으로 계약하게 될 테니까 마음 놓고 기다리세요."

컨설팅을 받은 K씨가 급한 성격을 억누르고 기다리는 동안 신기하리만큼 일이 순조롭게 풀렸답니다. 자기가 정한 가격 이하로는 절대로 안 판다며 고집을 부리던 상대방에게 갑자기 돈이 급한 일이 생긴 것입니다.

K씨가 제시한 대로 계약을 하자는 연락이 먼저 왔음은 물론입니다. 결국 K씨는 순조롭게 유리한 조건으로 원하는 장소에 사업장을 확장할 수 있었답니다.

성공한 사람들 가운데는 자신의 능력을 과신하는 경우가 많습니다. 이런 사람들은 자신을 지나치게 믿는 만큼 남은 지나치게 믿지 않는 성격의 소유자들입니다. 이들은 하나부터 열까지 모든 상황이 자신의 뜻과 계획 아래 움직이고 있어야만 직성이 풀립니다.

회사 일은 경비부터 사장까지, 집안일은 부엌에서 안방까지 모르는 것이 없고, 손대지 않는 일이 없습니다. 모든 일을 손바닥 위에 올려놓고 통제하느라 쉴 시간도 없이 바쁘지요. 정신없이 바쁘게 시간을 보내는 만큼 늘 조바심을 내고 불안해합니다.

그들은 대개 다른 사람의 평가와 인정을 통해 스스로의 존재 가치를 확인합니다. 내가 남보다 잘나야 스스로를 사랑하는 사람들이지요.

특히 이들은 남에게 비치는 스스로의 이미지가 완벽해야 한다는 생각에 사로잡혀 있습니다. 때문에 주위 사람들에게 진정한 자신의 모습을 잘 드러내지 않고, 실제로는 누구보다 외로운 삶을 살 수밖에 없답니다. 무대 뒤의 고독이랄까요.

이런 사람들은 운이 좋은 시기에는 자신의 장점을 발휘하면서 남보다 크게 앞서 가기도 합니다. 그런데 운이 나쁜 시기에는 자신의 장점이 단점으로 바뀌면서 남과 비교해 못난 자신을 용서하지 못하고 깊은 자괴감에 빠지지요. 심지어는 우울증까지 오기도 한답니다.

있는 그대로의 자신을 인정하고 사랑하라고 했습니다. 자신의 장점을 지나치게 부각시켜 과대포장하는 일도 없어야 하고, 자신의 단점을 지나치게 저평가해 스스로 비하하는 일도 없어야 합니다.

당신이 꿈꾸었던 이상과 현실의 삶이 다르다고 실망할 필요는 없답니다. 특히 잘못된 일에 대해 능력 부족을 탓하는 것은 자신에 대한 자신감 부족과 불안감 때문입니다. 한마디로 자신이 행운아라는 믿음이 부족한 것이지요.

당신의 모든 삶을 통제하려는 어떤 노력과 시도도 멈추어야 합니다. 당신이 통제해야 할 것은 비관적인 마음이랍니다. 이제 당신의 삶에 구속이 아니라 자유를 주어야 합니다.

　자유의 힘이 행운을 불러들이니까요.

◆ 행운의 법칙 ◆

당신의 모든 삶을 통제하려는 욕심을 버려라.

해원을 한 다음, 상생을 한다

겨울에 얼음이 단단하지 않으면 봄 여름에 초목이 무성하지 못한다 —한비자

•

冬日之閉凍也不固春夏之長草木也不茂

동일지폐동야불고춘하지장초목야불무

"그 사람은 무슨 복이 그렇게 많을까요?"
"운이 너무 좋은 사람 같아요."

신문이나 방송 등 각종 언론의 조명을 받으며 갑자기 혜성처럼 등장하는 사람들이 있습니다. 그들의 이력을 보노라면 마치 백전백승의 삶을 살아온 것처럼 화려합니다. 아무런 흠결도 보이지 않는 순백색의 성공담처럼 보입니다.

무대 위로 오른 성공한 사람에게는 스포트라이트가 집중되지요. 무대 위의 화려한 모습에만 눈길을 줄 뿐 무대 아래의 힘겨운 몸짓

은 애써 외면합니다. 그러나 빛이 강할수록 어둠이 짙어지는 것이 인생이지요. 이처럼 세상에는 빛만 존재하는 것이 아니라 어둠이 함께 존재한답니다.

장애를 딛고 세계적인 사회사업가가 된 헬렌 켈러는 "시련과 고통의 경험을 통해서만 영혼은 강해지고, 야망이 고무되며, 성공이 이루어질 수 있다"고 말했습니다.

누구에게나 꿈을 이룰 수 있는 기회가 있다는 삶의 원리는, 누구나 시련과 고통을 극복하면 꿈을 이룰 수 있다는 이야기와 같습니다. 대나무가 위로 성장을 하려면 단단한 마디가 필요하듯이, 시련과 고통도 우리의 성장을 준비하는 대나무의 마디와 같지요.

그런데 모든 사람의 삶이 다 똑같지가 않답니다. 사람마다 얼굴이 다르듯 삶의 무늬도 각양각색이지요. 어떤 사람은 영광의 월계관을 쓰고 생의 기쁨을 만끽하는가 하면, 어떤 사람은 가시면류관을 쓴 채 생의 고통을 맛보기도 합니다.

이처럼 생의 기쁨과 생의 고통은 항상 번갈아가며 우리의 삶에 찾아오는 손님입니다. 어려운 시기를 만나 힘들어하는 사람들에게 늘 당부하는 말이 있습니다.

"지금 이렇게 어려운 것은 2년 뒤에 영광을 맞이하기 위한 밑거름이 될 것입니다. 그리고 지금의 어려움은 5년 전의 상처를 풀어내는 과정이라고 생각하세요. 해원을 한 다음에야 상생을 할 수가 있답니다. 그 연도와 기간은 각각 다릅니다만, 지금의 힘듦은 과거의 아픔을 치유하는 과정이며, 이 치유가 미래의 영광을 불러오리라는 것은 틀림없는 사실입니다."

삶의 기쁨을 누리기 위해서는 삶의 통증이 필연적이지요. 따라서 삶의 통증에도 감사하는 마음가짐을 가지는 게 중요하답니다.

산의 정상에 오르기 위해서는 한 발자국씩 앞으로 나아가야만 합니다. 도중에 포기해서는 정상에 오를 수가 없겠지요. 산을 오르다가 폭풍우를 만나더라도 절망 속으로 빠져들면 안 됩니다. "이 정도 시련이야 내가 충분히 견딜 수 있어"라며 담대한 마음으로 발걸음을 멈추지 말아야 합니다. 당신의 한 발자국이 결국 당신을 정상에 데려다 준다는 사실을 믿어야 합니다.

행운과 불운을 가르는 두 가지 요소를 꼽으라면 마음가짐과 타이밍을 들 수가 있습니다. 서로 비슷한 능력을 가진 사람이라면 어려운 시기를 어떤 마음가짐으로 보내느냐에 따라 결과가 많이 다르게 나타납니다. 여기에 타이밍이라는 요소가 가미되면 사람마다 삶은 천차만별로 달라지게 된답니다.

삶의 시련이 행운을 불러오기 위해 꼭 필요한 요소임을 알고 이해할 때, 당신이 두려워해야 할 것은 하나도 없습니다. 오히려 그 시련을 두려워하고 힘겨워하기보다는 담담하게 받아들여야 합니다. 고통에 매몰되지 말고 깨어 있는 마음으로 한 발 떨어져서 바라본다는 자세가 필요하지요.

　대지를 꽁꽁 얼리는 혹독한 겨울이 없으면 봄에 싹을 틔우고, 여름에 잎이 무성해지고, 가을에 열매를 맺을 수가 없다는 자연의 섭리를 명심해야 합니다.

　삶의 고뇌를 감당할 수 있는 사람에게만 삶의 영광과 행운을 누릴 수 있는 자격이 주어진답니다.

◆ 행운의 법칙 ◆
삶의 고뇌를 감당할 수 있어야 행운을 누릴 자격이 주어진다.

나답게 산 삶은
중년 이후가 아름답다

도덕적인 사람은 잠시 외로워도 아부하는 사람은 오래 적막하다 — 채근담

◆

棲守道德者寂寞一時依阿權勢者凄凉萬古
서수도덕자적막일시의아권세자처량만고

"60세를 넘기고부터는 행복한 노후를 보내실 수 있답니다."

"말년에 큰 후회를 남기시지 않으려면 지금 올바른 선택을 하셔야만 합니다."

일반적으로 노년의 운을 이야기할 때는 이처럼 두 가지 이야기로 정리가 됩니다. 즉 노년의 운이 좋으냐 나쁘냐로 나누어지지요. 젊은 시절에 성공적인 삶을 살았더라도 나이가 들면서 불행하게 생을 마무리하는 사람들도 많이 있답니다. 반대로 젊었을 때 불운으로 갖은 고생을 한 사람이 나중에 큰 행운을 거머쥐고 행복한 노후를

보장받기도 합니다.

우리가 일상적으로 하는 일도 끝이 좋으면 다 좋듯이, 삶도 마찬가지랍니다. 누구나 지금은 다소 힘든 시간을 보낼지라도 노년에는 행복한 삶을 누리기를 원합니다. 인생의 아름다운 마무리를 위해 젊었을 때 한 푼 두 푼 아끼며 이런저런 준비를 하는 것도 이런 이유 때문입니다.

삶의 에너지가 넘치는 젊은 시절에는 실패와 시행착오가 두렵지가 않습니다. 혹시 실패를 하더라도 다시 도전을 해 성공으로 바꾸어놓을 수 있으니까요. 길을 잘못 들어섰다면 다른 길을 가면 되고, 금전상의 손실이 있다면 다시 벌면 되고, 사람을 잃었다면 다시 얻으면 되지요. 변화를 두려워하지 않기에 당연히 행운을 잡을 기회도 많아진답니다.

그런데 중년 이후의 삶은 기차의 선로처럼 정해진 길을 따라가야 하는 경우가 많답니다. 젊은 시절만큼 중간에 들러야 할 기차역도 많지 않고, 선로의 방향이 자주 바뀌지도 않습니다. 낯선 곳에서의 하룻밤은 불안한 마음에 불면의 밤이 되기 쉽고, 더구나 선로 이탈은 치명상을 입히기 때문에 꿈도 꾸지 못합니다.

자, 그렇다면 중년 이후 행복한 삶을 사는 사람, 행운과 복이 깃드는 사람에게는 어떤 공통점이 있을까요?

가장 중요한 기준은 '그동안 얼마나 나답게 살았느냐'라는 것입니다. 비교적 노년의 운이 좋은 사람들의 공통점은 젊은 시절에 자신의 감정과 생각에 충실한 삶을 살아왔다는 것이랍니다. 바꿔 말하자면 남의 시선이나 평판에 신경을 쓰기보다는 그냥 자신의 길을 스스로 선택하고 묵묵히 살아온 사람들입니다.

사람들은 일반적으로 인생에 크게 두 번, 보통 27~33세, 그리고 46~52세의 나이에 여러 가지 상황에 따라 중대한 선택을 강요받게 됩니다. 크게 나누자면 '세상이 강요하는 행동'과 '나답게 살기 위한 행동' 사이에 심각한 갈등을 겪으며 선택을 해야 합니다.

선택의 시기와 내용은 사람에 따라 천차만별이겠지요. 어떤 직업과 직장을 선택하느냐, 결혼은 어떤 상대와 할 것인가, 직장을 옮기느냐 마느냐, 창업을 하느냐 정년까지 버티느냐, 결혼 생활을 이대로 유지하느냐 끝내느냐, 서울에서 사느냐 시골로 내려가느냐 등등 나열하자면 끝이 없답니다.

정말 인생에서 중요한 선택이라면 밤잠을 설치고, 피를 말리는 고뇌의 시간을 보내야 합니다. 그래도 선뜻 '나답게 살기 위한 행동'에 나서지 못하는 이유는 우리 사회가 개인의 행복을 추구할 자유에 인색하기 때문이지요. 따라서 집단의 가치와 개인의 가치 사이에서 정신적으로 상당한 에너지를 소모하게 된답니다.

이때 아무런 거짓 없이 솔직하게 '나답게 살 수 있는 자유'를 스스로에게 주어야 합니다. 잠시 동안 어려움과 고통이 뒤따르겠지만 '삶의 자유'를 얻는 대가로 지불해야 하는 비용으로 생각하세요.

스스로 사랑하는 삶을 살아온 사람에게 운명은 많은 선물을 한답니다. 그리고 중년 이후에 더 많은 행운을 누릴 조건과 자격도 갖추게 되는 것이지요.

반면에 세상의 평판, 남의 눈치와 시선, 경제적인 두려움 등을 이겨내지 못하고 '세상이 강요하는 행동'을 선택한다면 당장의 일상은 무사히 유지하게 될 겁니다. 그러나 중년 이후의 삶에 여러 가지 불운을 불러오게 될 가능성이 많답니다. 내 삶이 진정한 내 것이 아니라면 노년의 인생에 여러 가지 균열이 생기는 것은 피할 수가 없겠지요.

삶을 나답게 살아온 사람들은 중년 이후에 내면의 빛이 겉으로 모습을 드러냅니다. 한 인간의 생애를 고스란히 느낄 수 있는 매력과 분위기를 만들어내지요.

참으로 아름다운 인간의 모습입니다.

◆ **행운의 법칙** ◆

당신에게 당신답게 살 수 있는 자유를 주라.

5장

財

재운은
흐르는
물이다

낙관과 자기 절제는 백만장자의 공통점

지혜로운 사람은 낙천적이다—논어

知者樂

지자락

　미국의 백만장자와 은퇴자들을 전문으로 컨설팅해주는 회사로 유명한 스펙트렘 그룹은 부자들의 사고방식과 삶에 대한 여러 가지 조사를 통해 데이터를 만들고 분석을 합니다. 이런 연구 조사 결과를 토대로 백만장자들의 돈만 관리하는 것이 아니라 그들의 삶 전체를 컨설팅해주고 있습니다.

　그런데 백만장자들은 어떻게 부자가 되었을까요? 부잣집에 태어나서? 피나는 노력으로 한 푼 두 푼 돈을 모아서? 부동산과 주식이 대박을 터뜨려서? 아니면 복권에 당첨이 되어서?

　백만장자가 된 경위와 배경은 제각각이지만, 그들은 하나의 공통점을 가지고 있었습니다. 바로 낙관과 자기 절제입니다. 이 두 가지 키워드를 우리 식으로 굳이 해석하자면 자신에 대한 믿음과 철저한 자기 성찰 정도가 되겠네요.

주식 시장에서 비관론자들은 돈을 벌기 어렵다는 말이 정설로 통한답니다. 주가가 하락할 때는 주가 하락을 염려해 주식을 사지 못하고, 주가가 상승할 때는 상승 이전의 주가가 발목을 잡기 때문입니다.

"시장을 너무 무서워하거나 부정적인 시각으로 바라보지 마라. 결국 낙관론이 이긴다."

전설적인 펀드매니저 존 템플턴의 말입니다. 비관론자들은 현안을 분석하는 날카로운 통찰력, 현란한 말, 부정적인 시각으로 시장을 분석하지요. 대부분 맞는 말이기는 하지만 돈을 버는 데는 별로 도움이 되지 않는 말이기도 합니다. 비관론자들은 시장을 분석해내지만, 결국 돈을 버는 사람은 낙관론자들입니다.

비관론자가 낙관론자를 이기지 못하는 이유는 말만 하고 행동을 하지 않기 때문입니다. 미래를 비관적으로 보는데 행동에 나설 일이 없지요. 언제나 자신의 운명을 바꾸는 것은 말이 아니라 미래를 향한 행동이니까요.

인간은 자신이 타고난 행운을 누림으로써 스스로 원하는 모든 것을 이루고, 그로 인한 행복을 경험하기 위해 태어났답니다. 그런데 아무리 잘나가는 사람이라도 인간이기에 때로 미래에 대한 의심과 불안에 휩싸일 때가 있습니다. 그럴 때 당신이 가져야 할 마음가짐은 내일은 오늘보다 더 나아질 거라는 믿음과 확신입니다.

해결될 일은 걱정할 필요가 없고, 해결되지 못할 일은 걱정을 해봐야 소용이 없답니다. 우리는 집착을 놓아버림으로써 감정의 낭비를 막을 수 있습니다. 타고난 행운을 잘 누리는 사람들은 대개 어떤 일에도 어지간해서는 일희일비하지 않습니다. 그저 묵묵히 일하고 공부하고 투자하면서 자신만의 타이밍을 기다리는 것에만 집중을 한답니다. 조급함이나 욕심이 앞서 무조건 밀어붙이는 어리석은 행동을 하지 않지요.

낙관론자들의 긍정적인 마인드는 내면의 인내와 균형 감각을 유지하게 하는 힘입니다. 미래에 대해 긍정하는 마음이 없다면 인내와 기다림도 있을 수가 없지요. 인내하고 기다리지 않는 사람에게는 결코 행운이 다가오질 않는답니다.

"긍정적인 사람의 반대는 누구일까요?"

강의를 할 때 한 번씩 물어보는 질문입니다. 대개는 '부정적인 사람'이라는 답이 많지요. 그런데 '긍정적인 사람'의 반대는 '사기꾼'이랍니다.

다이어트와 관련해 예를 들어볼까요? '현미밥과 채소를 중심으로 식단을 구성하고, 적당한 유산소 운동을 하면 체중을 줄일 수 있다'와 같은 자세와 마음가짐은 긍정이고 낙관입니다. 그런데 '어떤 약을 하루에 세 번 두 알씩 먹으면 저절로 체중을 줄일 수 있다'와 같은 마음은 스스로에 대한 사기일 뿐 아니라 마음속에 절망과 비관의 씨앗을 뿌리기도 합니다.

◆ 행운의 법칙 ◆

비관론자는 낙관론자를 이기지 못한다.

운이 바뀌는 시기에 귀인을 만난다

행하지 않으면 어찌 이루겠는가? ―서경

•

弗爲胡成

불위호성

세계적인 금융인으로 널리 알려진 크리스 가드너는 억만장자로 성공한 월가의 살아 있는 전설입니다. 하지만 그도 한때는 매우 어려운 시기가 있었습니다.

고졸, 흑인, 외판원, 이혼과 파산, 아이가 딸린 노숙자 등등은 그의 비참했던 인생의 전반기를 상징하는 단어들입니다. 하지만 그는 한 번도 스스로 포기한 적이 없습니다.

어느 날 그는 큰 건물 앞을 지나다가 그곳에서 나오는 모든 사람들의 얼굴에 환한 미소가 스며 있는 것을 발견합니다. 그는 멋진 자동차에서 내려 거대한 건물로 들어가는 한 신사를 붙들고 다짜고짜

물어봅니다.

"두 가지만 물어보겠습니다. 당신의 직업과 성공의 비결은 무엇입니까?"

"난 주식 중개인입니다. 숫자에 밝고, 사람 만나기를 좋아하면, 당신도 나처럼 될 수 있소."

가드너는 그날부터 주식 중개인이 되겠다는 꿈을 갖고 노숙자의 신분임에도 무보수 인턴사원에 지원합니다. 지원한 스무 명 가운데 단 한 사람만이 고용되는 어려운 면접을 통과한 그는 마침내 투자회사의 정식 직원으로 채용되어 억만장자의 길을 걷게 됩니다.

귀인!

당신에게 매우 귀한 사람, 즉 큰 행운이나 도움을 주는 사람을 의미합니다. 그 낯선 주식 중개인이 가드너에게는 바로 귀인이었습니다. 강렬한 한마디로 그의 인생을 바꾸어놓은 것이지요. 이처럼 행운이 오거나 운이 바뀌는 시기에는 새로운 인연을 만나게 됩니다.

"설마 내가 저렇게 좋은 건물을 가진 회사에서 일할 수 있겠어?"

"배운 것도 없는데 주식 중개인이 될 수 있겠어?"

가드너는 이런 회의감을 품지 않았습니다. 그의 마음속에는 오로지 낯선 중개인이 던진 희망의 말만 가득했을 뿐입니다.

그래서 "자네라면 인터뷰에 셔츠도 안 입고 온 녀석에게 뭐라고 할 건가? 게다가 내가 그를 채용한다면 자네는 무슨 말을 할 텐가?"라는 면접관의 질문에 가드너는 "속옷은 진짜 멋진 걸 입고 왔나 보군"이라는 재치 있는 대답으로 면접관의 마음을 사로잡을 수 있었습니다.

아무리 귀인을 만난다고 해도 스스로 받아들이지 않는다면 기회는 날아갈 뿐입니다. 그렇게 행운이 떠난 자리에는 반드시 악연이 찾아오지요. 게다가 악연은 당신이 본래 가진 행운마저 빼앗아버립니다.

그렇다면 귀인과 악연은 어떻게 구분을 해야 할까요? 가장 중요한 것은 새로운 인연을 만날 때 '내 안의 어떤 모습이 드러나는가?'에 있습니다. 당신의 내면에 대한 성찰이 이루어진 다음에 상대방에 대한 이런저런 판단을 하는 게 중요하다는 뜻입니다.

이전보다 마음이 편안하고, 즐거움을 느끼고, 희망과 비전을 품은 나를 새로이 만나게 해주는 인연은 귀인일 가능성이 높습니다. 다만, 만난 시기와 인연의 모양새에 따라 나를 망가뜨리는 쾌락, 헛된 욕심, 거짓된 비전 등을 품게 하는 악연일 수 있으니 잘 살펴보아야 하겠지요. 구속감, 연민과 동정, 죄책감 등의 감정을 느끼는 나를 만나게 하는 인연은 거의 십중팔구 악연이랍니다.

어떤 인연인가에 대해 결정을 내린 뒤, 귀인일 경우에는 믿고 따라야 합니다. 악연일 때는 사회적인 관계와는 상관없이 당신의 마음으로부터 멀어지도록 노력을 해야 합니다. 특히 재운, 직업운, 명예운 등에서 이 같은 인연의 작용은 결과에 크게 영향을 미친답니다.

  귀인을 알아보는 눈을 키우세요. 당신이 꿈꾸었던 행운 그 이상을 가지게 될 수 있답니다.

◆ 행운의 법칙 ◆
귀인을 만나면 믿고 따라야 한다.

재운은 마음의 그릇에 담긴 물과 같다

나쁜 일이 닥쳐오는 것은 자기 자신이 불러들여 취한 것이다—춘추좌전

◆

惡之來也己則取之

악지래야기즉취지

인생길을 가는 동안 잘 닦인 고속도로를 신나게 달릴 때가 있고, 때로는 울퉁불퉁한 비포장도로를 힘들게 가야 할 때가 있습니다. 고급 승용차를 타기도 하지만, 고장 난 고물차를 투덜대며 몰아야 할 때도 있는 법입니다. 이처럼 굴곡진 세상살이가 우리 마음에 때로는 잔잔한 물결, 때로는 거친 물살을 만들기도 합니다.

자신에게 주어진 행운, 특히 재운을 충분히 누리는 데 가장 중요한 요소는 잔잔한 호수의 표면과 같은 마음을 유지하는 것이랍니다. 마음의 그릇이 갈팡질팡 흔들리는데 재물인들 온전히 담겨 있을 방법이 없지요. 재운은 특히 마음이 편안한 사람에게 오래 머문

다는 사실을 꼭 기억해야 합니다.

통장의 잔고에 따라 감정이 크게 좌우되지 않을 때 오히려 재운을 담는 그릇이 커지고, 또 그릇을 채울 수 있는 마음의 여유가 생기는 법입니다. 부자여서 행복한 게 아니라, 스스로 행복해서 부자가 되고, 그 부가 더 큰 부를 불러오는 선순환이 이루어집니다. 컨설팅을 통해 만난 많은 부자들은 대부분 넘치면 베풀고, 모자라면 자연스럽게 채워지는 행운의 원리를 자연스럽게 실천하는 사람들이었습니다.

그러나 부자라고 해서 다 마음이 편하지는 않지요. 재산이 아무리 많아도 늘 마음이 불안한 사람들도 있습니다. 마음속 깊은 곳에 '내가 이 재산을 가질 자격이 있을까?'와 같은 열등감, 또는 '누군가 내 돈을 빼앗아 갈지도 몰라'와 같은 피해의식 등이 존재하고 있기 때문입니다.

스스로 자각하지는 못하지만 의식과 무의식에 내재한 이런 감정들이 부자의 마음을 불편하게 하는 원인입니다. 제대로 베풀고 나누면 재운의 그릇이 커진다는 운의 원리를 깨닫지 못하기 때문이지요. 결국 재운의 그릇이 쪼그라들고, 넘치는 재물이 바깥으로 흘러내릴 때는 이미 늦은 것이지요.

10여 년 전 벤처 바람을 타고 이른바 대박을 터뜨린 A씨, 그가 강남의 테헤란로에서 IT 벤처 사업을 하면서 돈을 벌던 시절에는 보유하고 있는 주식의 시가총액만 수천억 원을 웃돌았습니다. 그가 시중에 화제를 모으면서 회장님이라는 직함을 달고 각종 매스컴을 누비는 동안, 인수하는 업체들도 몇 배의 뻥튀기가 되면서 재산도 계속해서 불어났지요.

그는 돈이 쌓이면서 주위 사람들의 조언에도 귀를 닫고 오로지 자신의 판단만을 믿고 살았습니다. 돈은 믿지만 사람을 믿지 않는다는 말을 공공연히 떠들고 다닐 정도였으니까요. 이런 말을 들은 주위 사람들인들 그를 믿고 따를 리가 없지요. 결국 이런 그릇된 생각이 사람 사이에 불신의 벽을 만들고, 행운의 길도 차단해버린 셈이랍니다.

A씨는 자신이 하늘로 띄워 올린 애드벌룬이 계속 떠 있으리라고 굳게 믿었습니다. 하지만 사업 초기와 달리 만지는 돈의 단위가 달라지면서 평정심을 잃은 그는 이미 냉정한 판단력도 잃은 상태였습니다. 돈이 들어오면 마냥 흥분했지만, 돈이 나가는 것을 두려워했지요. 회사 대출금의 변제 및 미래를 위한 건강한 투자조차 망설이기만 했습니다.

산이 높으면 골이 깊은 법이라 했던가요. 벤처 거품이 꺼지면서 A씨의 추락은 거의 수직낙하라고 해도 될 정도였습니다. 빠르게 몰락의 길을 걷기 시작한 그는 결국 차디찬 감방까지 가야만 했습니다.

A씨가 행운을 보완해줄 만큼의 비전 있는 사업 파트너나 전략가의 면모를 갖춘 참모를 만나지 못한 게 자신에게 주어진 운의 끝이었던 셈입니다. 그리고 조금 더 욕심을 내자면, 그릇에 넘치는 부를

베풀고, 적절한 투자에 나섰더라면 부의 선순환이 이루어지면서 갑작스러운 몰락을 피할 수가 있었겠지요.

A씨는 자신의 행운을 관리하는 일에는 전혀 무지했습니다. 오로지 자신의 능력만 과신한 것으로 보입니다. 그러나 달은 차면 기울고, 낮이 가고 밤이 오는 자연의 이치와 마찬가지로 재운 역시 계속해서 한곳에 머물지 않습니다.

재운은 마음의 그릇에 담긴 물과 같습니다. 깨진 그릇은 물이 새고, 그릇이 흔들리면 그릇 안의 물은 흘러넘친답니다.

◆ 행운의 법칙 ◆
재운은 마음이 편안한 사람에게 오래 머문다.

사람의 개성도 제각각, 재운의 성격도 천차만별

봄의 난초와 가을의 국화는 자신만의 색으로 각각 아름답다 — 태평광기

◆

春蘭秋菊

춘란추국

사람들은 생김새, 기질, 개성, 장단점이 제각각 다릅니다. 수십억 명이 함께 살아가는 세상천지에 똑같은 사람은 하나도 없습니다. 한날한시에 태어난 쌍둥이조차 서로 다른 모습으로, 서로 다른 삶을 살아갑니다. 태어난 시가 같다 해도 분 단위로 운에 차이가 나고, 또 부모운도 첫째와 둘째에 각기 다르게 나타나지요.

세상을 살아가는 사람 수만큼이나 각각의 운명이 펼쳐지는 모습 역시 천차만별입니다. 그런데 자신의 삶을 살면서 주어진 행운을 충분히 누리는 사람이 있는 반면, 남의 행운을 부러워하다가 자신의 행운마저 놓쳐버리는 사람들도 의외로 많답니다.

세계 여러 나라 사람들의 사주를 비교 분석해본 적이 있습니다. 그런데 우리나라 사람들이 타고난 자신의 행운을 놓치는 경우가 유난히 많아서 놀란 적이 있습니다. 자신이 타고난 행운의 절반도 쓰지 못하는 사람이 80%에 육박하고 있었습니다. 경제 수준이 우리나라와 비슷한 다른 나라와 비교해봐도 두드러지게 비율이 높은 결과였습니다. 왜 이런 결과가 나온 것일까요? 국운이 개인의 운에 영향을 미친다고 했으니까, 그렇다면 국운이 다른 나라에 비해 나쁘기 때문일까요?

아니랍니다. 오히려 지금의 우리나라는 세계가 부러워할 정도로 국운이 상승기에 있기에 더욱 안타까운 일입니다. 그 이유는 여러 가지를 꼽을 수 있겠지만 여기서는 운명학의 관점에서 한번 짚어보려고 합니다.

우리나라 사람들이 느끼는 행복지수는 그다지 높지가 않습니다. OECD 국가 가운데 최하위권이고, 세계적으로 평가해도 하위권에 머물러 있습니다. 물론 행복의 기준이야 국가마다 개인마다 다르겠지만 우리나라의 경우 급속한 경제 성장만큼 행복의 크기가 커지지 않은 것은 분명해 보입니다.

전문가들은 과도한 경쟁과 양극화 현상으로 인해 자신의 삶의 질이 떨어졌다고 느끼기 때문이라고 분석합니다. 이런 상대적 박탈감은 우리의 행복을 가로막는 가장 큰 장애물이 되기도 합니다. 그러나 남들과 비교해서는 결코 부자가 될 수 없고, 또 행복해질 수도 없다는 운의 원리를 명심해야 합니다. 언제나 자신보다 더 큰 부자가 있고, 더 행복한 사람이 있기 마련이니까요.

운의 세계를 한번 들여다볼까요? 부동산 운을 예로 들어봅니다.

아파트 쪽으로 재운이 발달한 사람이 있는가 하면, 땅과 관련해서 유난히 운이 발달한 사람이 있습니다. 어떤 사람은 땅을 사서 직접 집을 지은 다음에 운이 좋게 풀리기도 합니다. 상가 건물 쪽으로 재운이 트인 경우가 있는가 하면, 경매 물건에 특히 눈이 밝아 매번 대박을 터뜨리는 사람이 있기도 합니다. 입지도 A급 입지가 돈이 되는 사람이 있는가 하면, B급 입지가 오히려 재운을 증가시켜주는 사람도 있답니다. 사람마다 기운이 제각각이듯, 그에 맞는 천시, 인화, 그리고 지리도 제각각 다르기 때문입니다.

금융 자산 역시 마찬가지입니다. 주식 투자에서도 직접 투자부터 파생결합증권(ELS/DLS) 등 다양한 수단 가운데 자신에게 가장 알맞은 방법은 따로 있습니다. 즉 위험도가 높은 상품에 투자 비중을 높여야 하는 사람, 직접 투자보다 간접 투자가 알맞은 사람 등 투자하는 사람의 선호도에 따라 투자 방식도 달라지기 마련입니다. 자신과 궁합이 맞는 방법으로 재테크를 할 경우 그만큼 통장의 잔고도 많아진답니다. 적게는 10배에서 많게는 100배까지, 자릿수 자체가 달라지는 경험을 하게 되지요.

이처럼 부동산으로 돈을 번 사람과 주식으로 돈을 번 사람은 운명학적으로 그 구조에 상당한 차이를 보입니다. 때문에 단순히 돈을 벌었다는 결과만 가지고 운이 좋다 나쁘다, 라고 판단하는 우를 범해서는 안 됩니다.

지금까지 당신이 어느 시기에, 어떤 방법으로, 누구와 함께 무엇을 하며 돈을 잃거나 벌었는지 살펴보아야 합니다. 그리고 어떤 방식의 투자였건, 그것이 당신의 스타일에 맞았는지 안 맞았는지를 분별해내는 것은 반드시 필요한 일입니다. 지금 당신이 만족할 만큼의 부를 누리지 못하고 있다면, 이는 당신에게 맞는 방법을 찾지 못했기 때문이지 결코 당신에게 재운이 없어서가 아니랍니다. 단, 재벌이 되고 싶다면 이야기는 조금 달라질 수 있겠지요.

남의 손에 있는 떡을 부러워해서는 안 됩니다. 다른 사람의 손에 있는 떡을 잡으려고 하다가는 자기 손의 떡까지 놓치게 되니까요. 남의 행복이 내 것이 될 수 없듯이, 마찬가지로 남의 재운도 내 것이 될 수는 없습니다. 사람의 개성이 제각각이듯이 재운의 성격도 사람마다 천차만별입니다. 당신에게 오는 재운을 스스로 황금으로 만들 수도 있고, 또 돌로도 만들 수가 있답니다.

◆ 행운의 법칙 ◆
남의 행복이 내 것이 아니듯, 남의 재운도 내 것이 아니다.

사람마다 재운은 다르게 온다

재물을 만드는 데는 큰 방법이 있다—대학

◆

生財有大道

생재유대도

10여 년째 인연을 맺고 있는 K씨는 중견 기업 오너의 부인입니다. 처음 만날 때는 기사가 운전하는 최고급 외제차를 타고 왔습니다. 그런데 누가 봐도 몹시 낡고 싼 옷에 머리 손질마저 안 해서, 그 집의 도우미가 심부름을 왔다고 해도 믿을 정도였습니다.

싸구려 파마로 변색되고 상한 머리카락을 노란 고무줄로 묶고 오는 때도 있었습니다. 전화가 필요할 때도 반드시 문자를 남길 뿐, 먼저 전화를 하는 법이 없었습니다. 그런 그녀가 고액의 컨설팅 비용만큼은 스스럼없이 지불한다는 것이 놀라울 따름이지요.

그런데 지나친 검소함은 오히려 명예와 재물을 갉아먹는 법입니다. 알뜰함이 돈을 더 쌓아주고 지켜줄 것 같지만 돈은 살아 있는 생물이지요. 쉼 없이 흘러가는 물이기도 하구요. 상자에 넣어두고 뚜껑을 닫아버리면 돈의 자연스러운 흐름과 숨통을 막는 셈이지요.

"이런 성정과 성향을 다스리지 못한다면 구설수가 퍼져 1년 내로 반드시 문제가 생기고 맙니다."

저는 안타까운 마음까지 담아 조언을 했습니다. 하지만 그녀는 여전히 모임이나 파티에서 '단벌 여사'로 통했고, 또 이미테이션으로 멋을 내면서도 내심 흐뭇해했습니다. 그러는 동안 "저 집안은 사업이 안 되나 봐"라는 소문이 퍼져 실제로 회사가 위기를 겪는 사건이 생기기까지 했습니다.

다행히 학습 능력이 뛰어난 그녀는 위기를 무사히 넘기고, 지금은 적절하게 자기 관리를 잘하고 있습니다. 가족은 물론 타인에게도 베푸는 삶을 살면서 재운도 이전보다 훨씬 좋아졌지요. 매달 나가는 돈이 이전의 3배 가까이 되는데도 오히려 사업은 더 번창하고 있으니까요.

지나친 인색함 못지않게 재운을 가로막는 것은 바로 자신에 대한 부정적인 평가입니다. 자신에 대해 부정적인 사람은 어떤 일을 할 때 거의 습관적으로 두 가지 반응을 나타냅니다.

하나는 해보지 않아서 못한다는 반응이고, 하나는 해봤는데 안

돼서 못한다는 반응입니다. 전자는 미래에 대한 부정이고, 후자는 과거에 대한 부정이지요. 자기 확신과 믿음이 행운과 재운을 불러들이는 데 최선의 조건이라면, 자기 부정은 거의 최악의 조건이나 다름없답니다.

미래를 부정하는 사람은 아주 낮은 단계에서 스스로의 한계를 설정하지요. 해보지 않은 일은 하지 않고, 가보지 않은 길은 가지 않으니까 익숙하지 못한 곳에 숨겨져 있는 자기 몫의 행운을 찾는다는 게 애초 불가능합니다.

운명은 바뀌고, 운도 움직인다고 했습니다. 태어난 모습 그대로 죽음을 맞이하는 사람은 한 명도 없습니다. 시간이 흘러가면서 사람의 특성과 적성도 바뀌기 마련입니다. 일반적으로 재운은 크게 4번, 특성이나 적성은 2~3번 정도의 변화를 겪습니다. 물론 인생에서 외길을 가거나 작은 변화에 만족하는 사람도 있지만, 전혀 새로운 분야에 도전해 큰 성공을 거두는 사람도 많지요. 새로운 길을 나서지 않고 새로운 행운을 만날 수는 없답니다.

그리고 주로 자신을 믿지 못하는 사람이 자신의 과거를 부정하지요. 물론 누구나 원하는 결과를 얻지 못했을 때는 자신에 대해 부정적인 감정이 쌓이게 됩니다. 그런데 세상일 가운데 한 번에 성공을 거두거나, 단박에 해결되는 것이 얼마나 되던가요?

위대한 사람일수록, 성공한 사람일수록, 그만큼 실패의 경험도 많다는 사실은 역사가 증명을 하고 있습니다. 그들은 실패를 많이

할수록 그만큼 더 성공에 가까워졌다고 믿었습니다.

당신은 지금 운이 변하는 시기입니다. 혹시 인생의 고속도로 위에 있다면 이제껏 달려온 주행차선에서 추월차선으로 차선을 변경해 한번 달려보세요. 눈앞에 펼쳐지는 풍경이 달라지기 시작할 겁니다.

인색함은 여유로움으로, 자기 부정은 자기 긍정으로, 익숙함은 새로움으로!

◆ 행운의 법칙 ◆
새로운 길을 나서야 새로운 행운을 만난다.

내 분수만큼 베풀면 삶이 즐겁다

베푼 것의 대가를 바라지 마라 — 채근담

◆

與人不求感德無怨便是德

여인불구감덕무원변시덕

유독 많이 베풀어야 하는 운을 가진 사람들이 있습니다. 사람에 따라 차이는 있지만 어느 시기에 특정된 경우도 있고, 인생 전반에 걸쳐 그런 경우도 있지요.

물론 무엇을 베푼다는 것이 꼭 금전적인 것만 의미하는 것은 아니랍니다. 사랑, 감사, 재능, 지식 등 자신이 가진 작은 것이라도 남에게 베풀고 스스로 행복해지는 사람들이 있습니다.

이런 운을 가진 사람들의 특징은 혹시 어려움에 처하더라도 누군가 나타나 도움의 손길을 내민다는 것입니다. 누가 봐도 어려운 상황인데 신기하게 그런 도움을 받아 손쉽게 해결해냅니다. 가까이서

지켜보는 사람들조차 "도저히 믿기 힘들다"며 감탄사를 연발할 정도로 행운이 뒤따릅니다.

이런 사람들은 재운의 샘이 마르지 않습니다. 또 남에게 항상 베풀며 살아가는데도 삶의 바닥을 드러내지 않습니다. 어디선가 무엇이 끊임없이 들어오고, 어떤 때는 넘칠 때도 있어 다른 사람의 부러움을 사지요. 넘치면 베풀고 부족하면 채워지는 삶을 사는 사람들입니다.

그런데 어떻게 이런 일이 가능할까요? 이런 사람들은 '나는 항상 누군가에게 줄 것이 있고, 무엇이라도 기쁘게 내준다'라는 무의식이 자신의 삶을 지배하기 때문입니다. 그래서 베풀어야 할 것이 끊이지 않게 하는 행운을 불러오는 방향으로 운명이 움직이는 것이랍니다.

이런 운을 가진 사람들에게는 언제나 세 가지를 당부합니다.

첫째, 모든 사람들에게 베풀려고 무리하지 말라는 것입니다.
우리가 가진 것은 언제나 유한하다는 사실을 명심해야 합니다. 모든 사람에게 모든 것을 똑같이 나누어 줄 수는 없답니다. 시간과 에너지가 한정되어 있기 때문에 우선순위를 정한 다음 자격이 있는 사람들에게 먼저 베푸는 지혜가 필요합니다. 즉 운의 과학에 기반한 인연법으로 살펴본 후에 베풀어야 좋은 인연을 이어갈 수가 있답니다.

둘째, 베풀 때는 항상 기쁜 마음으로 베풀라는 것입니다.

누군가에게 베풀 때는 돌려받기를 바라지 않아야 합니다. 대가나 보답을 바란다면 상대방이 부담을 가질 것이고, 이는 진정한 베풂이 아니겠지요. 그뿐만 아니라 누구에게 무언가를 주고 아까운 마음이 남는다면 차라리 하지 않은 것만 못한 결과를 맞이할 수도 있습니다. 베풂은 행운의 세계이고, 주고받기는 비즈니스의 세계입니다.

셋째, 누군가에게 줄 것이 있음을 감사하라는 것입니다.

물이 없는 주전자로 물을 따를 수는 없지요. 당신의 그릇에 누군가에게 필요한 무엇이 채워져 있음을 감사해야 합니다. 그리고 다른 사람에게 무언가 도움이 될 수 있다는 것은 분명 행복한 삶이니까요. 채움이 있어야 베풂이 있고, 또 베풂이 있어야 새로운 채움이 생기는 선순환이 바로 운의 법칙이랍니다.

이 같은 운의 법칙에 어긋나는 행동을 취할 경우에는 베풀고도 도리어 화를 당하기도 합니다. 되로 주고 말로 받으려고 하다가는 등 뒤에서 손가락질을 받기 십상입니다. 자칫하면 차별대우를 받았다며 원망을 듣기도 합니다.

고맙다는 인사는 고사하고 주고도 변을 당한다면 인간에 대한 여러 가지 회의감이 드는 게 당연지사입니다. 이러한 피해의식 때문에 몸을 사리고, 결국은 다른 사람과의 관계가 악화되는 악순환에 빠져들게 된답니다.

◆ 행운의 법칙 ◆
채움이 있어야 베풂이 있고, 베풂이 있어야 채움이 생긴다.

실낱같은 희망이
큰 행운을 부른다

가난하면서 원망이 없기는 어렵다—공자

◆

貧而無怨難
빈이무원난

"평생을 늪에 빠진 채 허우적거리며 살아왔다는 느낌입니다. 이 늪에서 빠져나올 수 있을까요? 혹시 저처럼 힘든 상태에서 일어난 사람이 있기는 합니까?"

이름이 꽤 알려진 중견 기업의 임원인 B씨의 질문입니다. 그는 집안의 장남으로 부모님을 부양하며 동생들까지 돌보느라 늘 돈에 쪼들리며 살았습니다. 평생 안정적인 샐러리맨 생활을 했기 때문에 남 보기에는 그럴듯했지만, 속빈 강정이었지요.

지금도 보유한 자산보다는 빚이 더 많아 매달 내야 하는 이자 부담에 어깨가 무겁습니다. 직장 생활을 시작한 이후로 어느 한 순간도 빚더미에서 벗어나 본 적이 없습니다. 내일모레가 오십 줄이지만 가진 것은 아무것도 없어 미래가 불안하기만 합니다.

"훨씬 더 힘든 상태에서도 빠른 속도로 크게 일어난 사람들이 많습니다. 절망하고 지친 나머지 극단적인 생각까지 했다가 마음을 다잡고 재기한 사람들이지요. 그런 사람에 비하면 고객님은 상황이 나쁜 편은 아니랍니다. 매 시간마다 사채업자들의 전화에 시달리던 신세에서 벗어나 지금은 청담동의 110평 빌라에 살고 있는 사람도 있으니까요."

누구나 경제적인 어려움을 겪는 때가 있습니다. 사람마다 그 시기와 액수만 다를 뿐이지요. 그리고 성공한 사람이라도 경제적으로 자신이 원하는 욕망을 모두 충족시키지 못한 채 어려움을 겪기도 합니다. 사람의 욕망은 끝이 없으니까요.
어려운 시기에 그 원인을 남의 탓으로 돌리면 더 깊은 늪으로 빠질 뿐입니다. 그렇다고 그런 상황을 만든 자신을 원망하거나 자책하라는 말은 아닙니다. 대신 세상에다 대고 크게 한번 외쳐보세요!

"세상에는 돈이 너무 많다. 나도 부자가 될 자격이 충분하다. 나는 운이 좋은 사람이니까 세상의 돈을 내 것으로 만들 수가 있다."

아무리 어려운 상황에 처하더라도 희망의 끈을 놓지 않아야 합니다. '경제적 이유로 스스로 목숨을 끊으라는 운명' 따위는 존재하지 않습니다. 불안과 두려움에 지친 나머지 스스로의 행운을 외면했기에 그런 비극이 생길 뿐이지요. 그러나 어떤 상황에서도 마음과 행동으로 기적을 불러오는 것은 분명 가능한 일입니다. 마지막 남은 실낱같은 희망이 큰 행운을 불러오는 힘이 되지요. 그렇게 힘을 내서 다시 일어서야 합니다.

물건을 살 때 통장 잔고가 줄어든다고 불안해하지 마세요. 갖고 싶은 물건이 비싸서 못 살 때에도 "왜 나는 돈이 없을까?" 하며 자신의 신세를 한탄하는 것은 재운을 쫓아버리는 결과를 만든답니다. 대신에 과자 한 봉지를 사더라도 "나는 내가 원하는 것을 살 만큼 부자구나"라며 재운의 길을 탄탄하게 닦아야 합니다.

경제적으로 힘이 들 때도 돈에 집착하거나 피해의식에 사로잡혀 있다면 재운에는 마이너스입니다. 대신에 한 발 물러나 상황을 관찰하며 마음의 평온을 유지하려고 노력한다면 재운은 플러스로 움직입니다.

당신의 통장에 얼마가 있어야 스스로 부자임을 실감할 수 있을까요? 액수에 관계없이 재운을 움직이는 힘이 당신에게 있다는 진실을 깨닫는 게 중요합니다. 스스로 부자라고 생각할 때, 어떤 경제적 어려움이 닥치더라도 헤쳐나갈 용기가 생길 것입니다. 그리고 그런 당신에게 행운이라고 부를 수밖에 없는 일이 연속적으로 일어날 것입니다.

제가 연구하고 검증한 4만여 명의 운명 데이터 가운데 '가난할 운명'을 타고난 사람은 아무도 없었습니다. 그리고 '한 번도 경제적으로 어려움이 없는 운명'을 타고난 사람도 마찬가지로 없었습니다.

어떤 운명을 타고난 사람이든 중산층 이상의 재운을 누릴 수는 있습니다.

◆ 행운의 법칙 ◆
당신에게 재운을 움직이는 힘을 가지고 있다는 진실을 깨달아라.

재운은
물의 흐름과 같다

마음속의 생각은 자연스럽게 드러난다—대학

◆

誠中形外

성중형외

"로또를 한번 사볼까요? 당첨될 운이 있는지요?"

처음으로 컨설팅을 받는 고객들이 흔히 하는 질문입니다. 이 질문을 던져놓고 "저는 그런 복이 없겠죠?"라며 스스로 발을 빼는 사람도 더러 있지요.

제가 실제로 그동안 컨설팅했던 사람들 가운데 "네, 그럴 운이 있습니다. 시기를 알려드릴 테니 그때 복권을 사거나 투기를 해보세요"라는 답변을 주었던 사람은 여태껏 단 두 사람뿐이랍니다. 그들은 실제로 그 시기에 한 명은 로또 1등 당첨, 또 다른 한 명은 고배

당의 경마에 베팅해 짧은 시간에 수십억 원 이상의 수익을 거두었습니다.

하지만 당시에 제가 그들에게 신신당부했던 부분이 있습니다. 갑자기 벼락부자가 된 그들에게 그 돈의 관리 방법과 사용처를 구체적으로 지목해서 알려주었던 것이죠.

한 사람에게는 빚을 갚고 부동산을 구입하도록 했고, 다른 한 사람에게는 모든 돈을 부인과 부모님 명의로 분산시켜 본인 통장에는 돈이 남아 있지 않도록 하라고 했습니다. 특히 돈이 들어온 후 15일에서 늦어도 45일 이내에 모든 조치가 행해져야 한다는 것도 몇 번이나 강조해서 말했습니다.

복권이나 도박, 경마, 경륜 등 사행성 게임이나 오락을 유난히 좋아하는 사람들이 있습니다. 대부분은 그냥 잃어도 아깝지 않은 정도의 액수로 게임을 즐기지만, 이른바 한 방에 인생 역전을 노리는 사람들도 있답니다. 별다른 노력 없이 작은 투자로 일확천금을 꿈꾸는 이들이지요.

요행수를 바라고 도박 등을 즐기는 사람의 특징은 운의 관점에서 보면 기다리는 마음이 부족합니다. 따라서 자신이 도달하기를 바라는 목표에 대한 확고한 믿음도 없습니다. 그냥 막연하게 '로또에 당첨이나 되면 좋겠다'는 망상에 들떠 있는 경우가 대부분입니다.

그래서 드물게 큰 횡재수를 만나도, 대부분 들어왔던 재물이 그대로 빠져나가 버리고 말지요. 쉽게 번 돈은 쉽게 잃는다는 속설을 확인하고는 땅을 치지요.

실제로 운명학의 관점에서는 횡재수를 만난 사람을 운이 좋은 사람이라고 하지는 않는답니다. 스스로 행운을 담을 그릇과 마음가짐을 준비하지 않았으니까요.

그렇다면 손재수, 즉 재물을 잃게 되는 운수는 어떤 의미로 받아들이는 게 바람직할까요? 누구나 돈이 빠져나가 재물상의 손실이 생기는 시기가 있습니다.

손재수의 시기를 만난 고객에게는 "이 시기에는 어차피 재물이 나가게 되어 있습니다. 내야 할 돈을 미리 내고, 또 감당할 정도의 채무를 지는 것도 나쁘지는 않습니다"라며 미리 마음의 준비를 하라고 권하지요.

역학에서는 물과 같은 하나의 흐름으로 재물을 파악한답니다. 실제로 물은 재운과 밀접한 관계를 맺고 있습니다. 그래서 재운이 막힘없이 흐른다는 말은 들어올 때 들어오고, 나갈 때 나간다는 뜻이랍니다.

유난히 손재수가 많은 사람은 공통적으로 돈을 그냥 가두어두려는 경향이 강하답니다. 이때는 막힌 물이 흘러내리지 못하고 넘치거나 새나가는 경우라고 말할 수 있지요.

이처럼 재운을 하나의 흐름으로 받아들인다면 손재수를 마냥 나쁘게만 해석할 일은 아니지요. 물론 미리 그 시기를 파악해 적절하게 돈이 나가도록 선제적인 조치를 취한다면 최상이겠지요. 그렇지 않은 경우라 할지라도 특정한 시기에 막혀 있던 돈의 흐름에 물꼬를 터준다는 적극적인 의미로 받아들인다면 그리 걱정할 일은 아닙니다. 그리고 그동안의 잘못된 금전 관리에 대해 반성하는 기회를 가질 수도 있답니다.

◆ 행운의 법칙 ◆
쉽게 번 돈은 쉽게 잃는다.

색깔의 파동 에너지가
행운을 결정한다

남에게 좋은 말을 선사하는 것은 보물을 선사하는 것보다 귀중하다 —순자

◆

贈人以言重於金石珠玉

증인이언중어금석주옥

"사람들은 흔히 빨간색이 행운의 색깔이라는데, 저한테는 무슨 색깔이 맞나요?"

"일에서 중대한 협상을 할 때는 빨간색, 재무적인 의사결정을 해야 할 때는 은색, 이성관계에서는 보라색이 좋답니다."

자주 듣는 질문에 대한 제 응답입니다. 처음에 이런 이야기를 들은 고객들은 "때마다 쓰는 색깔이 그렇게 다른가요?" 하면서 신기해하기도 한답니다.

햇빛을 스펙트럼으로 보면 파장의 길이에 따라 빨강, 주황, 노랑,

초록, 파랑, 남색, 보라로 나타나지요. 이것이 빛의 파동인데, 이 파동 에너지는 열 에너지, 소리 에너지, 빛 에너지로 이루어져 있습니다. 태양이 발산하는 이런 파동 에너지 덕분에 태양계의 모든 생명체가 생명을 유지할 수가 있지요.

몇 년 전부터 미국에서 크게 유행하고 있는 동양의 오행색깔론은 아인슈타인의 양자이론이 오행의 색깔론을 증명하고 있다는 것을 기초로 합니다. 즉 양자파동의학과 색채치료의 원리가 동일하다고 보는 것이지요.

고대 동양의 우주론을 집약한 음양오행사상은 음양설과 오행설을 함께 묶어 부르는 말입니다. 음양설은 우주나 인간의 모든 현상이 음과 양의 확장과 소멸에 따라 결정된다는 것이지요. 그리고 오행설은 목, 화, 토, 금, 수의 다섯 가지가 음양의 원리에 따라 움직임으로써 우주의 만물이 생성하고 소멸하게 된다는 것입니다.

이에 따라 오행설은 인간 내면의 오덕인 인의예지신의 사상으로, 중앙을 비롯한 동서남북의 방위와 색깔 등의 오방색으로 나타냈습니다. 예를 들어 중앙을 노란색, 동쪽을 초록색, 서쪽을 흰색, 남쪽을 빨간색, 북쪽을 검정색으로 표현하였지요. 이는 동의 청룡, 서의 백호, 남의 주작, 북의 현무 등 네 방위를 지키는 사신의 색깔과 일치한답니다.

우리나라의 전통적인 음식문화와 체질이론의 기반이 되는 것 역시 음양오행사상입니다. 오행은 서로 상생하면서 상극을 가지고 있습니다. 예를 들어 목(초록색)은 화(빨간색)를 상생하고, 화(빨간색)는 토(노란색)를 상생하고, 토(노란색)는 금(흰색)을 상생하고, 금(흰색)은 수(검은색)를 상생하도록 합니다.

그런데 각자의 사주에 따라 다르지만, 사람은 누구에게나 따로 어울리는 색이 있습니다. 오행색깔론이라는 것도 각자의 사주에 맞는 색깔로 옷을 입거나 잠자리를 장식하면 좋은 기운을 받아 건강하고, 일이 잘된다고 보는 것이지요.

서양의 점성학에서도 일곱 가지 행성을 기반으로 색깔을 나누고 따로 어울리는 색깔을 활용하는 방법이 있습니다. 다만 서양의 점성학은 주어진 상황에서 최선의 '결과'를 얻어내는 데 초점이 맞추어져 있고, 동양은 그런 결과를 얻어내기 위해 부족한 것을 보충해 나가는 '과정'에 중심을 둔다는 것이 서로 다를 뿐입니다. 어떤 것이 더 우월한지를 따지는 것은 의미가 없습니다. 동서양의 방법을 조합하여 각자 자기에게 맞는 최선의 운을 불러올 수 있도록 하는 것이 중요하겠지요.

한 사람 안에는 여러 모습이 존재하고, 또 때에 따라 어떤 모습으로 어떤 색을 쓸 때 더 좋은 운을 불러오는지도 사람마다 다르답니다. 때문에 개인에게도 각각의 상황에 따라 써야 할 색깔에 차이가 있는 경우가 많습니다.

색깔은 고유의 파동 에너지에 따라 각각 서로 다른 감정을 불러일으킵니다. 같은 색깔이라 할지라도 사람에 따라, 시기에 따라 그 감정이 다르게 반응하기도 합니다. 때문에 삶을 열정적으로 살아야 할 때가 있고, 차분하게 시간을 보내야 할 때가 따로 있듯이, 타이밍과 상황에 따라 알맞은 색깔을 사용하는 것이 가장 중요하다고 할 수 있습니다.

운명학의 근본사상은 중용과 조화라고 했습니다. 일상생활에서 특정한 색깔을 선택할 때는 다른 요소들을 고려하는 조화와 중용의 도를 명심해야 합니다. 그리고 색깔을 쓸 때도 하나의 포인트로 사용하거나, 메인 색으로 사용하는 것에 그쳐야 합니다.

과유불급, 언제나 지나친 것은 행운을 불러오는 좋은 태도가 아니랍니다.

◆ 행운의 법칙 ◆
색깔을 선택할 때는 타이밍과 상황에 따라 하라.

6장

信

자신감은 운명의 심장이다

운을 키우는 믿음의 힘

용감해도 의리가 없으면 난을 일으킨다 — 공자

◆

有勇而無義爲亂
유용이무의위란

기업체의 오너들이 컨설팅을 받을 때마다 던지는 공통적인 질문이 있습니다.

"직원 가운데 저를 배반할 사람이 있습니까?"

이때 누군가를 지목하게 되는 경우가 실제 있습니다. 배반형의 사람은 보통 욕심이 많은 행동파이거나 의리를 경시하는 성품을 지니고 있는 경우가 많습니다. 물론 일반 사람들이 이를 단박에 알아보기란 쉬운 일이 아닙니다. 그런 사람일수록 평소에 "나는 인간관계에서 믿음을 가장 중요하게 생각한다"라며 연막을 치니까요.

기업체를 경영하는 사람, 고위 공무원, 정치인 등 사회적으로 성공한 사람들은 사람을 쓰는 기준에 있어 능력보다는 믿음을 우선시합니다. 일반인이 접근하기 힘든 고급 정보를 가진 이들에게 주위 사람의 배신은 치명적인 몰락을 가져오니까요. 그래서 능력이 엇비슷하다면 믿음이 가는 사람을 선택합니다. 물론 어떤 사람을 믿는다는 것은 일반적으로 그 사람의 능력도 포함하는 개념이지요.

왜 인간관계에서 믿음이 중요할까요? 사람은 만날 때와 헤어질 때 일여하기가 매우 어렵습니다. 둘도 없는 동지로 만났다가 철천지원수로 헤어지는 일도 의외로 비일비재하지요. 세상이 바뀌고 사람이 변하니까요. '믿음'은 어떤 상황에서도 변하지 않는 특성을 가져야 합니다. 이는 사람이 갖추어야 할 기본적인 자질입니다. 그런데 진정한 믿음을 보여주는 사람은 100명 가운데 2~3명에 불과하답니다.

그리고 어린 시절부터 여러 가지 경험이 쌓여 형성된 단단한 품성은 공동체 생활에서는 책임감으로 나타나지요. 이런 책임감은 자신에게 맡겨진 임무를 충실히 수행하면서 느끼는 기쁨과 보람을 통해 길러집니다. 운의 관점에서도 일을 할 때 수동적인 의무감보다는 적극적인 책임감으로 수행하는 것이 좋은 성과를 만들어냅니다. 이기적이지 않고 헌신적인 태도는 다른 사람과의 신뢰라는 연결고리를 만들어내는 힘이 있으니까요.

신의와 충성심을 중심으로 사람의 스타일을 보면 대개 다섯 가지 타입으로 구분됩니다.

쉽게 신의를 가지는 사람, 신의를 가진 척 행동하지만 실은 불만이 가득한 사람, 자기 자리보전 외에는 별생각이 없는 사람, 쉽게 신의를 갖지는 않지만 일단 믿게 되면 충성을 다하는 사람, 기본적인 신의는 가지고 있지만 끊임없이 상대방의 자격을 검증하는 사람입니다.

이 가운데 조직의 내·외부적으로 문제를 일으키는 것은 두 번째 타입, 즉 겉과 속이 다른 사람입니다. 이런 유형의 사람은 자신의 이익만을 위해 움직입니다. 이런 사람이 일으키는 사건을 앞장서 막아주거나 해결하는 '충성파'가 있는데, 바로 한번 신의를 가지면 끝까지 충성하는 사람들이죠.

다섯 번째 유형의 사람은 공동체의 이익을 명분으로 내세워 집단적인 문제를 일으키는 경우가 많답니다. 이런 문제가 일어나면 대개 첫 번째 유형의 사람들이 잘 대처합니다.

자기 보신에 능숙한 사람은 당장 어떤 문제를 일으키지는 않지만 장기적으로 위기 상황을 불러옵니다. 이들의 경우, 윗사람에게는 예를 갖추어 잘 행동하지만 아랫사람 관리에 소홀한 나머지 조직 내 불화의 원인이 되기도 합니다. 기업체 오너들이나 최고경영자들을 컨설팅할 때는 주위에 포진한 사람들을 함께 살펴볼 때가 많습니다. 이때는 일반적으로 능력은 출중하지만 신의가 없는 사람, 능력은 평균치 정도인데 신의가 있는 사람의 두 부류로 나누는 경우가 많습니다. 전자의 사람들이 득세할 때는 단기간에 회사가 성장하기도 하지만 순식간에 위기를 겪기도 합니다.

후자가 많은 기업은 반드시라고 표현해도 좋을 만큼 지속적인 성장을 이어가지요. 위기 상황이 오더라도 상하 간의 신뢰를 바탕으로 거뜬히 돌파해냅니다. 어려움에 대처하는 탄력성과 결집력은 사공이 많아 배가 산으로 가는 콩가루 기업과는 비교할 수가 없지요.

중요한 자리에 사람을 쓸 때 가장 중요한 덕목은 믿음입니다. 능력은 오히려 두 번째입니다. 운의 과학에서 살펴볼 때도 믿음이란 게 상대적인 개념이기는 하지만 누가 가르치거나 노력해서 길러지는 품성은 분명히 아닙니다. 그래서 애초 믿음이 가지 않는다면 차라리 인연을 맺지 말아야 합니다.

사람을 볼 줄 아는 직관력은 스스로에 대한 믿음에서 출발합니다. 자신에 대해 믿음이 없는 사람이 다른 사람의 믿음을 객관적으로 살펴본다는 것은 불가능하지요.

나에 대한 믿음이 남을 보는 눈입니다.

◆ 행운의 법칙 ◆
사람을 보는 직관력은 자신에 대한 믿음에서 출발한다.

자신감은 운명의 심장이다

하늘의 뜻을 알면 근심할 필요가 없다―역경

◆

樂天知命故不憂

낙천지명고불우

두려움과 걱정, 불안에 사로잡히지 않고 자신 있게 살아가기 위한 첫걸음은 무엇일까요?

먼저 자기 자신을 아는 것입니다. 자신에 대해 안다는 것은 스스로의 내면에 있는 강함과 약함을 발견하는 일이기도 합니다. 강함이 불러올 수 있는 행운을 알아야 믿음을 가질 수 있고, 약함이 불러올 수 있는 실수를 알아야 조심하며 과도한 욕망을 없앨 수 있기 때문입니다.

인생에서 자신이 원하지 않는 일이 끊임없이 일어나는 이유는 무엇일까요?

이것은 스스로에 대해 잘 모르는 것이 너무 많다는 신호로 이해해야 합니다. 스스로 잘 인식하지 못하는 내면의 모습이 불쑥불쑥 얼굴을 내미는 것이지요. 이런 문제들은 진정한 자아를 인식하고 이해하고 사랑할 때 연기처럼 빠르게 인생에서 사라진답니다.

그리고 믿음은 이미 그 안에 불확실성을 내포하고 있음을 이해해야 합니다. 믿음 이면의 의심이 모습을 드러낼 때 우리 마음은 매우 불안정한 상태를 보입니다. 진정한 자신감은 의심의 실체도 함께 이해하는 믿음에서 나오는 것이랍니다.

이처럼 자신감이란, 자신을 믿는 것을 넘어 자신을 '아는' 것입니다. 그렇다면 진정으로 자신을 안다는 것, 즉 진정한 자신감은 무엇을 의미할까요?

첫째, 당신은 싸우지 않고 소망하는 것을 이룰 자격이 있음을 아는 것입니다.

당신이 행운을 얻을 가치가 있는 사람임을 인식하는 것이지요. 당신은 꼭 피 흘리며 투쟁하지 않고, 남을 밟고 서지 않고, 다른 많은 것을 포기하지 않아도 자신이 원하는 삶을 살아갈 수 있답니다. 삶의 전 과정에서 행운이 당신과 늘 함께할 것이라는 사실을 분명히 알고 믿는 것이 자신감의 근본입니다.

둘째, 당신의 가치를 남의 평가에 맡기지 않는 것입니다.

다른 사람이 당신에 대해 어떤 평가를 내리든 당신의 운명을 바꾸지는 못합니다. 누구도 당신이 행운을 누릴 만한 자격이 있음을 부인할 수 없기 때문입니다. 이러한 당신의 자신감은 바로 운명의 심장과도 같습니다. 당신만이 운명의 심장을 겨누는 칼자루를 쥘 수가 있다는 사실을 늘 명심하세요.

셋째, 어떤 것도 당신의 가치를 근본적으로 훼손시킬 수 없다는 것입니다.

학벌, 경제력, 사회적 지위 등 수많은 사회적 조건들은 결코 당신의 가치를 낮추는 이유가 될 수 없습니다. 당신의 어떤 결함도 타고난 본연의 가치를 훼손할 수 없다는 의미입니다. 어떤 문제에도 불구하고 당신은 여전히 행운의 주인공이니까요. 미국의 신화 학자인 조셉 캠벨은 우리에게 말했습니다.

"나를 알고, 나를 사랑하다 보면 지금의 나를 넘어설 수 있으며, 이것이야말로 진정한 성장이다. 당신의 삶은 자신감을 무기로 성장해가는 당신의 신화인 것이다."

이는 미국의 철학자이자 시인인 랄프 왈도 에머슨이 한 말과도 일맥상통합니다.

"스스로에 대한 자신감을 잃으면, 온 세상이 나의 적이 된다."

우리가 운명을 이해하고, 천명을 깨닫는다는 것은 바로 자신의 내면에 대해 아는 것에서 시작합니다. 자신의 내면을 알고 이해한다는 것이 바로 자신감의 원천이랍니다.

자신감이야말로 운명의 심장이고, 천명을 변화시키는 힘입니다.

◆ 행운의 법칙 ◆
자신감은 운명의 심장이고, 천명을 변화시키는 힘이다.

간절히 원하는 대로
이루어지지 않는 이유

스스로 크다고 여기지 않기 때문에 큰 것을 이루어낼 수 있다—노자

◆

不自爲大故能成其大
불자위대고능성기대

"강렬하게 원하면 방법은 저절로 나타나기 마련이며 목표는 성취될 수 있다. 다만, 그저 생각하는 것만으로는 안 되며 자나 깨나 끊임없이 바라고 원해야 한다. 머리끝에서부터 발끝까지 온몸을 그 생각으로 가득 채우고 피 대신 생각이 흐르게 해야 한다. 그 정도로 한결같이 하나만을 생각하는 것, 그것이다."

세계 100대 글로벌 기업에 꼽히는 일본의 교세라 그룹 회장 이나모리 가즈오의 말입니다. 그는 젊은 시절 일본에서 경영의 신으로 불리는 마쓰시타 고노스케의 강연을 듣고 온 후, 인생의 큰 전환점

을 맞이하며 스스로에게 이렇게 다짐을 했답니다.

이나모리 회장의 어린 시절은 고난으로 점철되었습니다. 아버지가 경영하던 인쇄소는 전쟁으로 잿더미가 되었고, 중학교 입시에서 떨어졌고, 결핵에 걸려 말 못할 고생을 했습니다. 가까스로 고향에 있는 대학에 입학했지만 졸업 후에는 제때 취직을 못해 마음고생이 심했지요.

그는 어렵게 들어간 세라믹 회사에서 열심히 일했지만, 몇 년 후에 회사가 도산의 위기에 몰렸습니다. 그때 공업용 신소재인 세라믹의 장래성에 대한 확신을 가지고 있던 그는 발상의 전환을 통해 다른 회사에 취직하지 않고 창업하기로 결심했습니다. 그의 나이 27세에 교세라를 창업한 것입니다.

이나모리 회장은 평생 쉬지 않고 일을 즐기며 했다고 합니다. 연 매출 15조 엔의 교세라 그룹을 키운 그에게는 어떤 일을 하든지 안 된다는 두려움이 전혀 없었습니다. 그래서일까요? 2010년 78세 때, 그는 새로운 모험에 도전하기로 마음을 먹습니다. 일본 정부에서 망해가는 항공사인 JAL의 경영을 맡아달라고 요청했기 때문입니다. 그는 극심한 경영난을 겪던 JAL의 회장직에 무보수로 취임했고, 불과 1년 만에 JAL을 역대 최대 규모의 흑자로 전환시킵니다.

"간절하게 바라고 그 일에 몰두하다 보니 그 마음이 하늘에 닿아 선물을 받았다."

이나모리 회장이 자주 하는 말입니다. 간절하게 바라고, 그 일에 몰두해야 그 마음이 하늘에 닿는다는 의미입니다.

우리가 일상적으로 말하는 "간절히 원하면 이루어진다"라는 말과는 약간의 차이가 있습니다. "그 일에 몰두한다"라는 말이 있고 없음의 차이입니다. 이 차이가 바로 일의 성패를 가르는 지점이지요. 무언가가 이루어지기를 간절히 바란다면 그 일에 몰두해야 한다는 것이 중요한 포인트입니다.

그런데 무엇이 이루어지기를 간절히 바라기만 한다면 어떤 일이 일어날까요? 단순하게 무엇을 바라는 마음은 간절함이 크면 클수록 더 큰 두려움을 함께 키워간답니다. 즉 어떤 일에 진정으로 몰두하지 않은 채 이루어지기를 바라는 마음에는 성공의 확신과 믿음보다는 실패의 불안과 두려움이 자리를 잡기 때문입니다.

"만약 이번 계약이 성사가 안 되면 어쩌지? 회사가 아주 어려운 상황에 빠지는데……."

"창업을 해서 잘할 수 있을까? 반드시 성공을 해야 하는데 실패를 하면 어떡하지? 내 주변에 독립을 했다가 집만 날린 사람이 수두룩한데……."

이런 의심과 불안이 마음에 두려움을 키우고, 두려움이 부정적인 기운을 만들고, 부정적인 기운이 불운을 불러들이면서 끝내 일의 실패로 귀결되지요.

이런 두려움을 뛰어넘는 최선의 방법은 바로 그 일에 몰두하는 것이랍니다. 그런데 일에 몰두하는 와중에도 때때로 떠오르는 불안은 일에 대한 집중력을 흐트려 놓기 일쑤입니다. 그뿐만 아니라 결정적인 순간에 지나친 긴장감 때문에 일을 그르치기도 합니다.

세계 최고의 실력을 갖춘 선수가 유독 올림픽 등 국제무대에서 결정적인 실수를 하거나, 사소한 판단 실수로 큰 계약이 물 건너 가버리는 일 등이 바로 두려운 마음이 빚어내는 결과로 봐야 합니다.

제가 컨설팅을 할 때 "지금 가지고 있는 목표를 집요하게 추구해도 좋겠습니다"라고 말하는 경우와 "분명히 가능성이 있는 목표입니다. 하지만 그게 이루어지지 않는다고 해도 머지않아 다른 좋은 길이 열리니 걱정하지 마세요"라고 조언하는 경우가 있습니다.

두 사람 모두 승산이 있는 목표인데 왜 서로 다른 조언을 해야 할까요? 중요한 기준은 목표 달성과 성공에 대한 확신을 갖고 있느냐의 차이입니다. 두려움을 떨치고 꿈에 집중할 수 있는 능력은 행운을 불러오는 힘의 근본이 되기 때문입니다.

성공에 대한 믿음이 있는 사람은 놀라운 집중력을 발휘합니다. 불안이나 두려움 따위에 흔들리지 않습니다. 그들은 실패를 두려워하지 않습니다. 혹시 결과가 기대에 미치지 못하더라도 실망하지 않지요. 다시 훌훌 털고 일어나 새로운 도전에 나서면 되니까요.

그런데 여러 가지 불안감에 사로잡힌 사람은 실패를 예감합니다.

성공 이후에 만끽할 성취감보다는 실패 이후에 펼쳐질 악몽을 떠올리지요. 제가 지금까지 만나본 사람들 가운데 100명을 기준으로 전자에 속하는 사람이 7명 정도이고, 대부분은 후자의 길을 따라가는 안타까운 상황입니다.

그런데 "간절히 원하면 이루어진다"라는 말이 후자의 사람들에게는 오히려 독이 될 수도 있답니다. 이 경우도 간절한 소망이 이루어지고 아니고를 떠나, 마음을 내려놓고 그 과정에 집중할 때 좋은 운을 불러오게 되지요. 하나 명심해야 할 것은, 전자이든 후자이든 자신의 그릇 안에서라면 얼마든지 소망을 이룰 수 있다는 것입니다.

◆ 행운의 법칙 ◆

운이 좋은 사람은 실패를 두려워하지 않는다.

공자의 의리, 깡패의 의리

아끼는 신하를 너무 가까이하면 오히려 자신이 위험해진다 — 한비자

◆

愛臣太親必危其身
애신태친필위기신

"이 사람과 회사의 전략을 의논하시는 것은 좋습니다만, 회계 쪽은 완전히 분리해서 다른 사람에게 맡기셔야 합니다."

"충분히 대표님의 오른팔이 되어줄 수 있는 사람입니다. 그러나 인간적으로 친해지는 일은 자제하세요. 특히 가정사나 개인적인 일에 깊숙이 개입시키는 일은 피하는 것이 좋겠습니다."

많은 CEO들이 직원들과 자신, 혹은 회사와 직원의 궁합이 잘 맞는지를 질문합니다. 궁합이란 원래 혼인할 때 남녀의 관계를 살피는 역학 용어입니다. 그런데 요즘은 인간관계는 물론이고, 사람과

사물의 관계, 사물과 사물의 관계 등 여러 상황에 두루 사용하는 일상적인 말이 되어버렸습니다.

운명학은 인연법이 근본을 이룬다고 했습니다. 운명학에서 인간관계를 다룰 때 서로 얼마나 보완관계가 될 수 있고, 또 어떤 분야에서 득이 되어주느냐를 따지는 것이 바로 궁합이랍니다. 개개인의 특성, 환경, 기운, 시기 등의 조합을 보는 것이지요. 그래서 궁합의 중요성을 이해하는 사람은 사회적인 관계를 맺을 때 서로 궁합이 좋으냐 나쁘냐를 반드시 살피곤 합니다.

물론 모든 면에서 좋기만 하고, 반대로 모든 면에서 나쁘기만 한 관계는 드물답니다. 그러나 일반적으로 서로 궁합이 좋은 사람이 있고, 서로 궁합이 나쁜 사람이 있기 마련입니다. 사실 상사와 부하의 관계, 동료 직원과의 관계, 거래처 직원과의 관계 등 모든 사회적인 인간관계에서 궁합이 잘 맞고 안 맞고는 절대적으로 중요한 사항입니다. 운명학에서는 사회적인 인간관계도 같은 배를 탄 공동운명체로 간주를 하지요. 이처럼 공동의 목적지를 향해 항해를 하지만, 배 안에서는 눈에 보이지 않는 치열한 경쟁이 일상사로 벌어진답니다.

따라서 일로 만난 사람과의 인연법은 남녀 간의 궁합과는 기본적인 차이가 있지요. 남녀 간에 '결혼을 하느냐 마느냐'를 따지는 궁합은 '화합'을, 사회적인 인간관계의 궁합은 '용인'을 중심으로 살펴야 합니다. 사회적인 관계에서 따지는 궁합은 "이 사람과 좋지 않은 일을 피하기 위해 내가 조심해야 할 것은 무엇인가?", "이 사람과 어떤 관계를 유지하는 게 바람직한가?", "이 사람은 어떤 자리에서 최고의 능력을 발휘할까?"와 같은 용인술에 주로 초점이 맞추어지지요.

제 경우, 용인술에 있어서는 "배신할 인물인가 아닌가?"를 기본으로 삼는답니다. 그동안 제가 만난 CEO, 고위공직자, 정치인 대부분이 사람을 쓸 때 가장 중요시하는 기준이 바로 믿음과 배신입니다. 그들은 믿을 만한 사람인가, 아니면 배신할 인물인가를 여러 가지 방법으로 따져보고 또 따져본 다음에 비로소 사람을 쓴답니다. 사회적인 지위가 일정한 수준에 오르면 개개인의 능력의 편차가 크지 않고 서로 고만고만하다고 보기 때문입니다.

인간의 믿음은 나라를 일으키는 힘이 되지만, 인간의 배신은 한 나라를 멸망시키는 힘이 되지요. 대의를 따르는 믿음은 흔들리지 않지만 소의를 따르는 믿음은 조변석개입니다. 이익을 목적으로 맺은 인간관계는 눈앞에 이익이 없으면 바로 등을 돌려버린답니다. 이른바 공자의 의리와 깡패의 의리가 다른 점은 의를 따르느냐, 이를 따르느냐로 구분해야 합니다.

수많은 나라와 기업의 흥망성쇠에서도 알 수 있듯이 인간관계의 중요성은 아무리 강조해도 지나침이 없습니다. 군신의 관계, 즉 리더와 참모의 가장 이상적인 궁합으로는 유비와 제갈량을 꼽곤 하지요. 두 사람이 인간관계의 믿음을 바탕으로 군신의 예를 끝까지 잘

지켰기 때문입니다. 다만, 신(믿음)이 있더라도 예(격식)가 없는 인간관계는 위험합니다. 지금까지 제가 보아온 1만여 건의 현대판 군신 관계를 연구 분석해보면, 예가 없는 군신의 관계는 오래가지 못했습니다. 이 권력의 법칙만큼은 약간의 예외도 없습니다.

비록 배신의 문제가 생기지 않더라도 리더와 참모의 관계는 어느 정도 격식과 엄격함을 유지하는 게 바람직하답니다. '친구 같은 부하'는 화의 근원임을 명심하세요. 상하가 지나치게 가까이 지내면 힘의 중심이 아래로 내려가면서 조직이 불안정 상태에 빠진답니다. 이 같은 힘의 불균형 상태는 결국 인간관계의 손상과 조직의 붕괴로 이어지지요.

최고의 자리는 외로움을 감수해야 하는 가장 고독한 자리이기도 합니다. 최고의 자리에서 외로움을 감당할 수 있어야 최고의 행운을 누릴 자격이 주어지지요. 그 외로움을 진정한 자아와 직면할 수 있는 기회로 삼아야 합니다.

리더라면, 진정한 자아를 만날 수 있는 외로움이야말로 행운을 부르는 힘임을 온몸으로 느껴야 합니다.

◆ 행운의 법칙 ◆
외로움은 행운을 부르는 힘이다.

모든 변화는
나에게 유익한 것이다

흐르는 물에 몸을 맡기고 나는 애쓰지 않는다 — 장자

◆

從水之道而不爲私焉
종수지도이불위사언

"말씀하신 날짜가 되니까 실제로 이런 일이 생기네요. 솔직히 기분은 좋지만 지금까지와 많이 달라지는 것 같아서, 좀 당황스럽네요."

운이 좋아지면서 갑작스럽게 생기는 일들에 놀라워하는 사람들이 많습니다. 그러나 한 단계 성장하기 위해서는 지금의 위치에 변화가 오는 것을 지극히 당연한 일로 받아들여야 합니다.

때로 행운이 크게 들어오기 직전에 극한 상황에 놓이게 되는 경우도 있답니다. 그동안 겉으로 드러나지 않았던 문제들이 한꺼번에 폭발하는 것이지요. 이때 변화를 수반하는 많은 문제들과 정면으로 마주하고 해결해나가는 것이 행운을 만나는 지름길입니다. 큰 행운을 불러오는 빅뱅을 두려워할 필요는 없으니까요.

물론 불운을 불러오는 변화도 존재합니다. 예를 들면 정부의 정책이 바뀌면서 사업이 내리막길을 걷거나, 뜻하지 않게 거래처로부터 거래 정지라는 통보를 받고 크게 당황할 때가 있습니다. 그리고 인간관계에서 누군가의 배신으로 마음의 상처를 입고 갈팡질팡하는 순간이 오기도 합니다.

이때 대부분의 사람들이 저지르기 쉬운 두 가지 실수가 있습니다. 하나는 기필코 이전의 상태로 돌아가려고 애쓰는 것이고, 또 하나는 자기 힘으로 최대한 상황을 통제하려고 하는 것입니다.

이처럼 변화를 거부하는 몸짓은 더 큰 불행을 초래하기가 쉽습니다. 운이 바뀌는 시기의 여러 가지 변화는 인정하고 수용해야 합니다. 단, 그 흐름을 객관적으로 파악하는 것이 우선입니다. 그런데 대부분의 사람들은 자신이 어디로 흘러가고 있는지도 모른 채 변화 속에서 갈팡질팡합니다. 먼저 두려움에 갇혀버린 상태에서 타고난 행운을 활용하지 못하는 것이지요.

일반적으로 평균수명을 고려하면 우리는 일생 동안 크게는 7~8번, 작게는 49~51번 변화의 시기를 겪게 됩니다. 이 시기를 어떻게 보내느냐에 따라 기적 같은 행운이 올 수도 있고, 반대로 상상하지 못한 나락으로 떨어지게 될 수도 있습니다. 그런데 그 가운데 변화에 대항하거나 저항해야 할 때는 11~13%에 지나지 않는답니다. 이런 운명학의 결과를 보면, 운명이 변화하는 시기에는 십중팔구 변화를 수용하는 자세가 더 유리하다는 사실은 명백합니다.

행운이 오건 불운이 오건 변화의 시기임을 느낄 때, 스스로 "이 변화는 나에게 유익한 것이다"라는 강한 믿음을 가지는 게 가장 중요합니다. 아울러 변화의 증거들을 수집하고 객관적으로 평가한 다음 "이번 변화는 나에게 더 좋은 상황을 만들어주었다"라는 결론에 도달하도록 노력해야 합니다.

예를 들면 부동산을 내년에 팔려는 계획을 갖고 있었는데 당장 손해 보고 팔아야 하는 경우가 있습니다. 그리고 상사와의 불화 때문에 이직을 결심할 때도 있습니다. 엄청난 개발비를 투자한 신제품이 시장에서 외면을 받아 어려운 상황에 놓일 수도 있습니다.

이처럼 운이 안 좋은 시기에 혹여 나쁜 일이 생기더라도 당신의 마음가짐은 "이 변화는 내게 틀림없이 유익하다"라는 방향으로 움직여야 합니다.

실제로 예상치 않은 큰 손실을 입었다고 하더라도 이 같은 마음가짐은 어려운 상황 속에서도 최대한의 교훈을 얻게 하니까요. 이때 얻은 교훈은 나중에 운이 바뀔 때 당신을 큰 성공으로 이끄는 원동력이 된답니다.

큰 흐름이라고 느낄 만한 상황은 통제하거나, 불안해하거나, 변화시키려 해서는 안 됩니다. 큰 흐름은 한 개인의 뜻대로 움직일 수 있는 게 아니니까요. 그냥 그 흐름을 지켜보면서 자신에게 유리한 작은 움직임이라도 찾아내는 게 중요하답니다.
변화는 당신 인생의 혁명과도 같습니다.

◆ 행운의 법칙 ◆
운의 큰 흐름은 개인이 통제할 수 없다.

승패는
전쟁에서 늘 있는 일이다

편안한 마음과 만족할 재산은 내 마음속에 있다 ─묵자

◆

非無安居我無安心非無足財我無足心
비무안거아무안심비무족재아무족심

"한때 해보겠다고 마음먹었던 적도 있었지만, 힘든 일들을 겪으면서 회의가 생겨 포기해버린 것 같습니다. 그런데 수년 내로 할 수 있다고 말해주시니, 다시 꿈을 되찾아 보려고 합니다."

컨설팅 때 자주 듣게 되는 말이지만, 언제나 들을 때마다 보람과 기쁨을 느끼는 말이기도 합니다. 저는 고객들에게 자주 물어봅니다.

"어디까지 올라가길 원하세요?"
"얼마나 벌면 만족하시겠어요?"

사실 제가 만나는 고객의 대부분은 대한민국에서 상위 1% 이내에 속하는 재산과 지위를 가진 사람들입니다. 그런데 원하는 부와 명예의 수준을 물어본 제 질문에 대한 답변은 다소 의외였습니다. 많은 사람들이 너무 빨리 현실주의자가 되어버린 탓일까요?

30대 중반을 넘긴 사람들은 대개 타고난 재운의 절반을 약간 넘는 수준에서 이야기하는 경우가 많았습니다. 대부분의 사람들이 컨설팅할 때 속마음을 다 털어놓기 때문에 겸손한 대답이 아니라는 것을 잘 알고 있지요. 그렇다면 무엇 때문에 자신의 한계를 낮추고, 재운의 그릇 크기를 줄이고, 꿈마저 버리는 것일까요?

대부분 사람들은 10대 혹은 20대 초반에 가졌던 목표나 꿈들이 세월과 함께 빛이 바래버립니다. 여러 가지 어려움과 실패를 경험하면서 스스로 위축되었기 때문입니다. 그 어려움과 실패가 성공을 위해 반드시 거쳐야 할 과정임에도 불구하고, 돌이킬 수 없는 결과로 받아들인 탓입니다.

성공의 디딤돌을 실패의 유리천장으로 인식하면서 스스로 자신의 그릇을 과소평가하기 시작한 것이지요. 그러나 겸손함과 스스로를 과소평가하는 것은 분명 다릅니다. 전자는 행운을 불러오지만, 후자는 반대로 불운을 불러오기 때문입니다.

우리가 경험하는 모든 성공과 실패는 우리 삶의 결과가 아닌 하나의 과정으로 받아들여야 합니다. "승패는 병가지상사"란 중국의 고언이 있습니다. 이기고 지는 것은 전쟁에서 늘 있는 일이라는 뜻이지요. 그러니 승패를 가지고 크게 기뻐하지도 크게 낙담하지도 말고 당연히 있는 일로 받아들이는 태연한 자세를 유지하라는 가르침입니다.

그렇다면 어떻게 해야 순수했던 시절의 꿈과 열정을 현실로 만들 수 있을까요? 먼저 나만의 잠재력을 실현할 만한 목표를 세워야 하고, 스스로를 과소평가하지 말아야 합니다. 내 그릇의 모양과 크기에 걸맞는 목표인지가 중요하지, 지금의 내 현실과 비교하여 얼마나 큰 차이가 있는지는 의외로 중요하지 않답니다. 그리고 편안한 마음으로 목표를 향해 나아가야 합니다.

지금 당장, 또는 가까운 장래가 아니더라도 당신의 목표는 당연하고 자연스럽게 달성될 것임을 믿어야 합니다. 그리고 그 믿음에 걸맞는 행동을 하세요. 그러면 당신의 행운과 주위의 도움으로 인해 달콤한 결실을 맺을 수 있을 것입니다.

행운을 얻는다는 것은 아이가 초등학교에 입학해 어렵지 않게 졸업하는 것과 비슷합니다. 초등학교에 입학하면서 내가 과연 졸업할 수 있을까, 하고 의심하는 아이는 없지요. 목표를 향해 나아가는 당신의 마음가짐도 의심하지 않는 아이의 마음이어야 합니다.

참고로, 목표를 향해 걸어갈 때 지나치게 흥분하는 것은 좋지 않습니다. 마음의 흥분 상태는 붕 뜬 것과 같아 자칫하면 두려움을 채우게 되니까요. 편안하게 나아가는 과정을 지켜보면서 게임하듯 즐기면 어느새 목표에 도달해 있을 것입니다. 그냥 한 걸음 한 걸음 앞으로 걸어가세요. 사실 뛰어갈 필요도 없습니다.

   전투에서 졌다고 해서 전쟁이 끝난 것은 아니지요. 패한 전투에는 오히려 전쟁을 승리로 이끄는 실마리가 들어 있는 법이랍니다.

◆ 행운의 법칙 ◆
아이의 순수한 믿음을 갖고, 뚜벅뚜벅 목표를 향해 가라.

행운의 원리는
상극이 아니고 상생이다

이기기 좋아하는 사람은 결국 임자를 만난다—경행록

◆

好勝者必遇敵
호승자필우적

세상은 전쟁터이고, 삶은 전쟁이라며 삶 자체를 전투로 여기는 사람들이 종종 있지요. 이들은 대개 적극적이고 매사에 호전적입니다. 제가 아는 H씨의 경우가 그렇습니다.

그는 감기에 걸려 약을 먹으면서도 "약을 잘 챙겨먹어야죠. 그래야 이 감기란 놈을 물리치죠. 반드시 이겨낼 겁니다"라고 표현할 정도입니다.

방이 정돈되지 않았을 때도 "앗, 내 방이 물건들에게 점령당했어. 내 영토를 확보하려면 치워버려야 해"라고 말하며 청소도 전투를 치르듯이 한다고 하네요.

유난히 승부욕이 강한 H씨는 사소한 일에도 말 그대로 목숨을 거는 스타일입니다. 작은 일에도 성취감을 맛보기 위해 죽기 살기로 달려들어 자신의 존재 가치를 확인하지요. 그리고 "드디어 해냈다", 또는 "내가 이겼다"라는 표현을 하면서 삶의 희열을 느낀답니다.

물론 이런 스타일이 나쁜 것은 아닙니다. 다만, 모든 일을 전쟁 치르듯이 하는 만큼, 운명적으로 스스로 그런 상황을 계속 불러온다는 게 문제라면 문제겠지요. 이런 사람은 편안하고 안정적인 일을 할 때 오히려 스트레스를 받으니까 항상 전투적인 환경 속으로 자신을 던져야 행복해지는 법이지요.

H씨가 공무원이 된 것도 단지 어려운 공무원 시험에 도전해보겠다는 생각 때문이었습니다. 공무원이 되어서 할 일보다는 시험 합격 자체가 목표였다고나 할까요. 어쨌든 시험에 합격해 공무원이 되었지만 그는 일에서 아무런 보람을 느끼지 못했습니다.

진로를 바꾸기 위해 고심하던 H씨에게 저는 전문 경매사가 될 것을 권했습니다. 치열한 경쟁과 순간의 판단이 운명을 결정하는 경매일이야말로 그에게 안성맞춤이었습니다. 적성과 직업의 궁합이 잘 맞아떨어진다고 판단을 했지요.

경매일을 시작한 H씨는 부지런하고, 적극적이고, 승부욕이 강한 자신의 특징을 잘 살려 지금은 승승장구하고 있는 중이랍니다.

H씨를 만날 때 신신당부하는 말이 있습니다. 인간관계에서는 '반드시 지자!'라는 마음으로 사람들을 대하라는 말입니다. 특히 가

족을 비롯하여 가깝고 오래된 사이일수록 이런 마음가짐은 더욱 중요합니다. 그에게는 부부 싸움 때문에 겪었던 첫 결혼 생활의 갈등과 아픔이 있었기 때문입니다.

《손자병법》도 '싸우지 않고 이기는 게 백전백승보다 낫고 최고의 선이다'라고 가르치지요. 전쟁과 마찬가지로 인간관계도 다툼이 없는 게 제일 좋습니다.

비즈니스 세계에서는 윈윈 게임일 때도 있지만 대부분은 제로섬 게임이지요. 한정된 먹이를 많이 차지하기 위해 한바탕 전쟁을 피할 수 없는 경우가 종종 있습니다. 그런데 일반적인 인간관계조차 '반드시 이기겠다'고 생각한다면 그것은 피해의식의 발로입니다. 그러면 개인사에서 갈등과 아픔을 겪는 운명을 만들어내게 된답니다. 이기고 지는 승부가 필요 없는 곳에서조차 승자가 되려고 해서는 안 됩니다.

특히 가족 관계에서 옳고 그름의 잣대를 들이대면 함께 패자가 되지요. 결론도 없이 옳고 그름을 따지는 동안 상대에게 상처를 주거나 적개심을 키울 뿐이랍니다. 가족 사이에 분노와 적개심이 가득한 집안에서 백전백승의 승자가 된들 무슨 작은 행복이라도 있을까요?

물론 적을 이기는 운이라는 게 있습니다. 이는 비즈니스 승부를 할 때 상대에게 꺼내들어야 할 전가의 보도이지요. 그걸 가족에게 잘못 휘두른다면 서로 깊은 상처를 남길 뿐이랍니다. 내게 어떤 운이 있는지를 안다면, 그 운을 어디에 사용해야 하는지 역시 알아야 합니다. 행운의 강자는 쉽게 싸움을 벌이지 않는다는 걸 명심하세요.

행운의 원리는 상극이 아니고 상생입니다.

◆ 행운의 법칙 ◆
지는 것이 바로 이기는 것이다.

기적을 만든 떨어지지 않는 사과

큰 어려움이 닥쳐도 두려워하지 않는다 — 장자

◆

臨大難而不懼

임대난이불구

일본 아오모리 현에 큰 태풍이 휩쓸고 지나가는 바람에 1년 내내 재배한 사과의 90%가 떨어졌습니다. 사과 재배를 많이 하는 고장이라 지역 경제도 큰 타격을 입었습니다. 마을 사람 모두가 절망하고 힘들어할 때, 떨어지지 않은 10%의 사과에 집중한 사람이 있었습니다.

"떨어지지 않은 사과에 '절대 떨어지지 않은 사과'라는 이름을 붙여서 팔아보면 어떨까?"

결국 그는 태풍에도 살아남은 사과의 부가가치와 희소성을 무기로 내세워 10배 이상의 비싼 가격을 매겼습니다. 그리고 '떨어지지 않는 사과'라고 이름까지 붙여 브랜드 상품으로 시장에 내놓았습니다.

우리 못지않게 입시 경쟁이 치열한 일본에서 '떨어지지 않는 사과'는 큰 화제를 불러일으키며 단숨에 인기 상품으로 대박을 터뜨렸습니다. 강한 태풍에도 떨어지지 않고 살아남은 사과는 수험생들과 학부모로부터 폭발적인 사랑을 받았으니까요.

사람의 행불행을 25년 이상 연구한 저는 자신 있게 말하지요. 위기는 언제나 반전의 기회를 감추고 있으며, 큰 불행이야말로 그 이상의 행운이 시작되는 징조라고 말입니다. 마찬가지로 큰 행복 뒤에도 늘 불운의 그림자가 드리워져 있음을 의식하고 조심하는 태도가 필요하지요.

갑자기 닥친 위기 앞에서 두렵고 불안한 마음이 드는 것은 인지상정입니다. 그러나 극한 상황에서도 희망의 끈을 놓지 않는다면 큰 행운이 구원의 손길을 내밀 것입니다. 그것이 운의 과학입니다.

"태풍에 사과가 다 떨어져 건질 게 없어. 하늘도 무심하시지, 내가 뭔 죄를 지었다고 이런 날벼락을 내리시나……."

"그 태풍에도 사과가 다 떨어지지 않았다니! 그나마 남은 사과들이 얼마나 고맙던지. 나는 정말 운이 좋은 사람이야. 저 귀한 사과들은 분명 잘

팔릴 게 분명해!"

태풍에 사과가 다 떨어진 위기의 상황에서 당신은 어떻게 반응할 것 같습니까?

자연재해, 우연한 사고, 정부 정책의 변화, 주식 시장의 붕괴 등 갑작스럽게 위기가 닥치면 우리는 뒤따를 어려움을 예상하며 스스로 불안과 두려움에 빠지게 됩니다. 그러나 행운이건 불운이건 개인의 통제가 불가능한 상황에 직면했을 때는, 우선 주어진 현실을 있는 그대로 수용하겠다는 자세가 중요합니다.

우리는 어렸을 때부터 직간접적인 경험을 통해 위기의 작은 조짐이라도 있으면 스스로 불운의 시나리오를 준비하느라 바쁩니다. 이전에 경험했던 나쁜 일과 마찬가지로 나쁜 결과를 가져올 것이라고 자기 나름대로 마음의 준비를 하는 것이지요. 물론 과거와 비슷한 일이 일어나면 비슷한 결과의 시나리오를 자동적으로 떠올리는 게 지극히 당연한 일이겠지요.

그러나 행운의 주인공이 되고 싶다면 위기에 처하더라도 불행의 자동반응장치를 작동시키지 말아야 합니다. 불행의 자동반응장치는 작은 불행이라도 큰 불행으로 키워버리는 우리 마음속의 괴물과 같답니다. 일어나지도 않은 일을 나쁜 쪽으로 상상해 화를 키우는 어리석음은 피해야지요. 혹시라도 마음이 그쪽으로 움직이면 '아, 또 내가 불행한 상상에 빠져들었구나'라며 담담한 태도로 그냥 지나가세요. 이런 마음만 가져도 불운은 물러가기 시작하니까요.

이왕이면 한 발 더 나아가 '이번 일이 내게 어떤 좋은 일을 불러올까?'라며 행복한 상상에 빠져보는 것도 좋은 방법이랍니다. 제가 컨설팅할 때 강조하는 부분이기도 합니다. "이 일은 어떤 교훈을 주었고, 몇 년 내 다른 좋은 일을 불러올 밑거름이 됩니다"라고 말이지요. 이런 배움과 상상이야말로 행운을 불러오는 강력한 힘이 되니까요.

나는 운이 좋은 사람이라는 믿음, 행운아라는 자신감이야말로 행운을 크게 불러오는 힘입니다.

"나는 많은 행운을 타고났다. 나는 행복할 수밖에 없다. 이 시련은 오히려 내가 행운아라는 증거이다."

◆ 행운의 법칙 ◆
자신감은 행운을 크게 불러오는 힘이다.

7장

行

왜 나는
운 컨설팅을
하는가

왜 나는
운 컨설팅을 하는가

남을 이기면 강하지만 자신의 욕망을 이겨내면 더 강하다 ─ 노자

•

自勝者强

자승자강

운 컨설턴트. 저의 직업입니다. 제가 하는 일은 다른 사람의 소원을 이루어주고, 세상을 행복하게 하는 것입니다. 하루도 쉬지 않고 치열하게 공부해야 하고, 때로는 영혼을 파는 느낌이 들 정도로 에너지를 빼앗기는 일입니다.

남부럽지 않은 집안에서 태어나 소위 명문대를 졸업한 제가 운명학과 인연을 맺은 것은 말 그대로 운명입니다. 어릴 적 할머니 무릎에서 시작한 운명학 공부였지만 업으로 삼기까지는 큰 용기와 결단이 필요했습니다. 부모님의 반대가 만만치 않았으니까요.

제가 운명학을 공부하는 이유는 세상의 이치를 깨닫고, 천하의

대세와 인간의 운명을 정확하게 짚어내는 술사가 되고 싶었기 때문입니다. 운명학은 유사 이래 인간이 겪은 천지만물의 변화를 체계적으로 설명한 과학의 세계입니다. 내게 만약 천하의 운세를 내다보는 남다른 능력이 있다면 그것은 운명학이라는 과학적인 세계 안에서 이루어질 뿐입니다.

지금까지 저는 동서양에 걸쳐 4만여 명의 운명학적 특징을 분석하고 정리하는 데이터베이스화 작업을 꾸준히 해왔습니다. 동서양의 대표적인 6~7가지 운명학적 방법으로 검증한 운명데이터를 분류하고 운의 일관된 법칙을 찾아내는 것이지요. 이 운명데이터를 통해 내린 일반적이고 귀납적인 결론인 행운의 원리와 기술은 한 치의 어긋남도 없습니다.

제가 만난 우리나라 상위 1% 안에 드는 고객 가운데는 천문학적인 돈을 가진 재벌가의 오너, 고위 공직자와 정치인, 유명한 연예인, 스타급 펀드매니저 등등 이름이 알려진 사람들도 많습니다. 이들 가운데는 불운으로 매우 힘든 시기를 보낸 사람도 있고, 로또에 당첨된 사람도 있고, 재산을 다 탕진하고 재기에 성공한 사람도 있고, 행운이 급상승하며 대박을 터뜨려 돈방석에 앉은 사람도 있습니다.

그동안의 컨설팅 결과를 살펴보면, 저는 늘 사람들의 행운을 증폭시키고, 불운은 막아주는 일을 해왔습니다. 그런데 4만여 명의 운명데이터를 연구하면서 90%의 사람들이 자기 그릇의 반도 채우지 못하고 죽는다는 사실을 깨닫고 많은 안타까움을 느꼈습니다. 동시에 제가 할 일이 무엇인가, 라는 생각을 하게 되었습니다.

저는 정확한 타이밍을 예측하고 자신의 운에 맞는 방법을 동원한다면, 운을 관리할 수 있다는 사실을 여러 사람들에게 알리고 싶답니다. 예를 들어 5천만 원을 벌 사람에게 2억 원을 벌도록 조언하고, 1억 원의 손실이 있을 사람에게 수백만 원의 손해에 그치게 하는 일 말입니다.

그리고 좀 더 본질적으로 행운의 그릇을 키울 수 있는 방법, 즉 '마음공부'를 함께 하고 싶다는 생각입니다. 사람들이 각자 자신이 타고난 그릇을 채우지 못하는 이유는 개인마다 다릅니다. 불안, 두려움, 집착 등 부정적인 감정들이 걸림돌이 되지요. 우리는 이성이 아닌 감성으로 판단하면서 살아가기 때문입니다. 특히 결정적인 선택의 순간, 어떤 감정 가운데 하나가 발목을 잡아 최대치의 결과가 나오지 못하도록 하는 것을 많이 본답니다.

제가 하는 일은 최선의 전략을 제시하고, 전략대로 행할 수 없는 마음의 장애물이 무엇인지 함께 이야기하고 풀어나가는 것입니다. 또 부정적인 감정에 휘둘려 삶 전체에 어두운 그림자가 드리워지지 않도록 예방하는 것도 포함됩니다.

혹시 당신이 지금 어떤 문제로 어려움을 겪고 있다면, 그 안을 자세히 들여다보기 바랍니다. 당신은 자신에 대한 믿음의 부족, 미래에 대해 막연히 갖는 습관적인 불안, 본래 모습으로는 사랑받지 못할 거라는 두려움, 과거의 경험으로 인한 자존감의 상실 등의 모습에 직면하게 될 것입니다. 이렇게 지금 당신이 당면한 문제라는 것은 마음의 씨앗이 자라난 것뿐이랍니다.

그것을 깨닫는 순간 이제 당신의 상처받은 마음은 치유되고, 부정적인 감정으로부터 자유로워지는 기적을 경험하게 될 것입니다. 당신을 당신답게 하는 마음공부가 마음의 변화를 일으키기 때문이지요. 당신의 마음이 변하면 지금까지 꿈꾸지 못했던 행운들이 자연스럽게 찾아올 것입니다.

이것이 운의 원리에 따라 저절로 이루어지는 기적입니다.

◆ 행운의 법칙 ◆
마음의 변화가 기적을 만든다.

삶의 스승이기보다
삶의 제자가 되라

남의 스승이 되기를 좋아하는 것도 병이다 ― 맹자

◆

人之患在好爲人師

인지환재호위인사

"저는 항상 학생이라는 기분으로 삽니다. 학교를 졸업한 지는 오래되었지만 세상살이에서 깨우치게 되는 게 너무 많아요. 회사에서도, 친구들한테도, 아랫사람에게도 배우는 게 얼마나 많은지 모른답니다."

소위 찢어지게 가난한 집에서 태어나 연 400억 원대 매출을 올리는 탄탄한 중소기업의 오너가 된 K대표의 이야기입니다. 그는 제 컨설팅이 마치 인생 문제에 대한 족집게 과외를 받는 기분이라면서 미소를 짓는답니다.

지금까지 제가 만난 사람들을 살펴보면 맨손으로 자수성가한 사람이든, 부모한테 물려받은 부를 더욱 크게 키운 사람이든 공통점이 있습니다. 그들은 60~70대가 되어서도 항상 누군가에게(자신보다 더 젊은 사람이라 할지라도) 배우려고 합니다. 일종의 습관처럼 그런 자세가 몸에 배어 있음을 느낄 수 있습니다.

성공한 사람들은 배움을 통해 얻은 깨달음을 실천에 옮기는 것 역시 게을리하지 않습니다. 자신의 지난 과거부터 현재 주위에서 일어나는 일까지 모두 학습자료로 삼으니, 자연스레 행운과 불운에 대처하는 지혜가 생겨나는 것입니다.

이런 배움의 자세가 시간이 지나면서 습관이 되고, 또 이런 습관이 시간이 지나면서 운명이 되는 것이지요. 이렇게 몸과 마음에 익힌 삶의 지혜가 행운을 크게 하고, 또 불운을 비켜가게 한답니다. 우리가 평소에 배움을 게을리하지 말아야 하는 이유이기도 하지요.

언제나 배울 게 많다고 생각하는 사람들은 남을 가르치려고 하지 않습니다. 삶의 스승이기보다는 삶의 제자이기를 바라고, 또 스스로 말하기보다는 남의 말을 듣기를 즐겨합니다.

반면 어떤 일이건 나서기를 좋아하고, 어디에서건 박학다식을 뽐내며 가르치기를 즐기는 사람들이 있습니다. 그러나 삶의 스승을 자처하는 사람일수록 실제로는 속이 빈 깡통일 경우가 많지요. 빈 깡통일수록 소리가 요란하니까요.

이처럼 남에게 인정받기 위해 에너지를 발산하는 사람은 스스로 운을 깎아먹는 경우가 오히려 많답니다. 자기 안에 에너지를 축적하는 데 관심이 없는 사람이 좋은 운을 만들어가기는 힘들지요.

"그 사람은 참 똑똑하고 잘난 사람인데, 왜 그렇게밖에 살지 못할까요?"
"잘난 척하는 사람들한테는 왜 믿음이 가지 않을까요?"
"도대체 남의 말을 듣질 않아요. 자기 말만 하니까 주위 사람들이 싫어하지요."

이 같은 안타까움을 불러일으키는 사람들이 있습니다. 이런 사람일수록 자기주장을 통해 자신의 가치를 증명하려고 합니다. 그런데 목소리만 높을 뿐, 다른 사람들이 공감할 만한 내용은 없는 경우가 대부분이지요.

자기주장이 강한 사람일수록 삶의 자세 또한 경직되어 있기가 쉽답니다. 자신의 삶을 고정시켜 놓은 채 변화를 거부하는 것이나 마찬가지이지요. 변화가 없는 곳에 행운이 찾아올 리가 없답니다.

행운을 불러들이기 위해서는 다른 사람의 지혜를 받아들여 자신의 것으로 소화하는 유연함이 필수입니다. 세상의 흐름이 빨라진 만큼 공부해야 할 새로운 지식들은 넘쳐납니다. 고전의 지혜를 제대로 활용하기 위해서라도 현대의 지식 습득을 게을리해서는 안 된답니다.

세상은 빛의 속도로 바뀌고 삶의 규칙도 변합니다. 운명학 역시 제가 처음 공부를 시작했던 때와 지금을 비교해보면, 그 적용법이나 해석법에 적잖은 차이가 생겨났음을 실감합니다.

어떤 분야의 전문가라도 매일같이 공부하고 단련하는 습관은 꼭 필요합니다. 세상에 변하지 않는 것이 없고, 그 변화를 따라가지 않으면 감각이 뒤떨어지니까요.

따라서 제 경우도 새벽 4시부터 6시까지 연구하는 일을 스무 살 이래 단 한 번도 거른 적이 없습니다. 요즘은 공부하고 연구하는 시간을 더 늘려야겠다는 생각을 하고 있답니다. 한 분야의 전문가가 된다는 것은 생이 끝나는 순간까지 그 분야의 '학생'으로 살아가야 하는 것이로구나, 라는 생각이 최근의 절실한 깨달음입니다.

아울러 행운을 불러들이기 위해서는 지식과 지혜를 나누고 공유해야 합니다. 행운을 준비하려면 삶의 에너지를 낭비하지 않고 축적하는 게 중요하니까요.

◆ 행운의 법칙 ◆
남의 지혜를 받아들여 자신의 것으로 소화하라.

그럼에도,
나는 행복할 자격이 있다

공격을 걱정 말고, 공격받을 게 없음을 믿어라 ─ 손자

◆

無恃其不攻恃吾有所不可攻也

무시기불공시오유소불가공야

"그동안 세 번이나 손해 보고 장사를 접어야 했었습니다. 재운이 따르질 않는 건지…… 어떻게 이렇게 안 될 수가 있나요?"

"결혼에 크게 실패를 하고 나니까 우선 제 자신에 대해 회의가 밀려옵니다. 혼자 살아야 하는 게 아닌가 하는 생각이 들고 마음이 안 좋네요."

"필기시험이나 서류전형은 자신 있는데 면접시험에서 번번이 떨어집니다. 면접을 시험공부 하듯이 해서 될 일도 아니고…… 제 자신에게 무슨 문제가 있는 걸까요?"

처음으로 만나는 고객과 컨설팅을 할 때면 종종 듣게 되는 말들

입니다. 고객들이 제게 털어놓는 문제는 대부분 개인의 노력으로 쉽게 해결되지 않는 것들이지요. 게다가 여러 문제들이 중첩된 상태이기 때문에 어느 곳부터 먼저 손을 대야 할지를 모르는 경우도 많습니다.

사람은 평소에 자기중심의 사고방식과 생활태도를 보입니다. 특히 힘들 때는 자신을 힘들게 하는 불행을 다른 사람의 행복과 비교합니다. 이런 태도는 결국 나만 힘들 뿐 다른 사람들은 모두 행복하게 산다는 식으로 현실을 왜곡해서 받아들이게 합니다. 그리고 스스로를 자포자기의 상태까지 몰고 가게 만들지요.

그동안 당신은 무엇을 얻기 위해 그렇게 노력하고, 기뻐하고, 때때로 절망했던가요? 대부분 돈, 명예, 권력, 사랑 때문이었을 것입니다. 이 모든 욕망을 만족시키는 행운을 타고난 사람은 아무도 없습니다. 그리고 이 모든 욕망이 좌절되는 불운을 타고난 사람 역시 아무도 없습니다. 그럼 무엇이 문제일까요? 우선 운명학의 관점에서 두 가지 측면을 짚어보고자 합니다.

먼저 남과 비교해서 자신의 행불행을 따지는 것입니다. 즉 남보다 잘나서 행복하고, 남보다 못나서 불행하다고 생각하는 마음입니다. 그러나 언제나 세상의 중심에 자신을 두어야 합니다. 행불행을 평가하는 기준은 세상이 아니고 자기 자신이어야 합니다. 이처럼 행불행의 감정을 통제할 수 있다면, 스스로 충분하게 행복한 삶을 살아갈 수가 있답니다.

다음은 자신이 쉽게 얻을 수 없는 것을 욕망하다 좌절하는 것입니다. 이런 사람들은 자신의 욕망을 채우지 못하면 두려움이 싹트면서 스스로 자책하고 맙니다.

만약 최선을 다했음에도 실패했을 때 "역시 난 행운이 따라주지 않아"라고 투덜댄다면 계속해서 실패의 함정에 빠져 허우적거릴 가능성이 높답니다. 당신은 이제 실패를 되풀이해서는 안 됩니다. 오히려 실패의 경험을 통해 자신의 실체를 깨닫고, 실패를 초래한 여러 이유를 반성하는 기회로 삼아야 합니다. 당신의 내면에는 행운을 거머쥘 수 있는 여러 가능성들이 존재하니까요.

사람들마다 다르지만 어느 특정 분야에서 유난히 거듭되는 고난을 겪는 경우가 많습니다. 이런 경우 컨설팅 결과에 따르면, 스스로 무의식적으로 행복해질 권리를 자신에게 허용하지 않는 데 따른 결과가 대부분이랍니다. 즉 과거의 나쁜 기억으로 인해 죄책감에 사로잡혀 있거나, 남과 비교하면서 자신감을 상실했기 때문이지요.

그런데 '나는 행복해지고 싶다'라는 내면의 욕망을 억누르는 이런 나쁜 기억의 힘이 약해지는 시기가 있습니다. 그 시기와 기간은 각각 다릅니다만, 놀랍게도 우리의 운명 안에는 힐링을 위해 가장 적절한 시간이 예비되어 있답니다. 상처 없는 인생이 없듯이, 치유가 불가능한 운명도 없습니다. 이 치유의 시기를 잘 활용한다면 당신은 누구도 침범할 수 없는 자신만의 행복을 누리게 될 수 있답니다.

그리고 어떤 일을 할 때 자신의 모든 것을 올인하는 것은 좋은 운을 부르는 자세라고 보기가 힘들답니다. 이른바 배수진을 친다는 것인데, 이는 오히려 두려움과 불안을 키워 실패를 거듭하는 원인이 되는 경우가 많기 때문이지요. 보통 10명 가운데 8명 이상이 그러한 태도를 보입니다. 상황에 대한 객관적인 파악이나 믿음이 없는데도 자신을 그 속으로 던져버리는 것은 스스로를 소중하게 생각하지 않기 때문입니다.

여러 가지 어려움이나 실패 속에서 반드시 명심해야 할 마음가짐은 '그럼에도 불구하고 나는 행복해질 자격이 있다'라고 믿는 것입니다. 누구보다 당신 먼저 스스로에게 행복을 허용해야 합니다.

과거에 어떤 실패를 겪었고, 현재 어떤 고통을 겪고 있든지 간에 당신은 여전히 누구보다 아름답고 행복해질 자격이 있습니다. 어떤 실패도, 어떤 어려움도 당신만의 진정한 가치를 훼손할 수는 없으니까요.

언제나 행복과 행운은 당신의 것임을 믿어야 합니다. 그러면 가장 적절한 시기에 그토록 멀리 있던 것들이 자연스럽게 다가와 당신에게 먼저 손을 내미는 기적을 경험하게 될 것입니다.

◆ 행운의 법칙 ◆
당신이 먼저 스스로에게 행복을 허용하라.

말은 습관이고, 습관은 운명이다

남을 이롭게 하는 말은 천금이고, 남을 다치게 하는 말은 칼처럼 아프다—명심보감

•

一言利人重值天金一語傷人痛如刀割

일언이인중치천금일어상인통여도할

"늦었지만 딸아이와 어떻게든 화해할 방법이 없을까요? 그때는 제정신이 아니었던 것 같아요."

명문가의 며느리인 K교수가 연신 눈물을 흘리며 말했습니다.
그녀는 명문가의 며느리에다 경제력으로 따져도 상류층에 속하는, 말 그대로 남부러울 게 없는 사람이었습니다. 게다가 어느 곳에 내놔도 무엇 하나 빠질 게 없는 남매야말로 그녀에게는 최고의 자랑거리였습니다.
그런데 남들이 모두 부러워하던 그녀의 인생에 그림자가 드리워

지기 시작했습니다. 똑똑하고 예쁘기로 소문났던 딸이 다니던 대학마저 중퇴하고, 집안에서 극구 반대하던 남자와의 결혼을 위해 집을 나가버린 것입니다. 그녀는 가족의 품을 떠나 힘들게 살고 있는 딸을 생각하면 원망과 걱정이 뒤엉켜 언제나 노심초사한 마음이었습니다.

그나마 명문대 의대를 차석으로 졸업하고 승승장구하는 아들이 딸 대신 자랑거리와 기쁨이었는데, 아들마저 서른 살이 되자마자 교통사고로 유명을 달리하고 말았습니다. 그녀는 몇 번이나 혼절하며 결국 응급실 신세를 져야 했습니다.

비탄에 빠진 그녀는 자기 곁에서 묵묵히 자리를 지키던 딸을 보자마자 그만 아들을 잃은 깊은 상처와 원망을 자신도 모르게 쏟아 내 버리고 말았습니다.

"지금 내 마음을 네가 어떻게 알겠니? 왜 하필 내 아들이 그렇게 되었을까? 차라리, 차라리…… 네가 잘못되는 게 나았을걸."

자신의 귀를 의심한 딸은 그 길로 뛰쳐나가 어머니에게 완전히 발길을 끊었습니다. 어머니한테 자신은 죽은 사람이 되겠다며, 서로 연을 끊자는 한마디만을 남겼지요.

아들의 죽음이 가져온 충격과 딸에 대한 걱정이 뒤범벅이 된 상황에서 그녀는 딸에게 말로 씻을 수 없는 상처를 입히고야 만 것입니다. 물론 그녀는 많은 후회를 했지만 딸의 가슴속에 남은 앙금은 짧은 시간에 치유하기가 힘들겠지요.

'언령'이라는 말이 있습니다. 말 속에 혼이 깃든다는 뜻이지요. 다시 말해, 혼처럼 강력한 에너지가 깃들어 있기에 한번 내뱉은 말은, 그 말대로 결정되도록 하는 힘을 가지고 있답니다. 그래서 한번 내뱉은 말은 주워 담을 수 없고 무한 책임이 따르지요.

특히 화가 났을 때 이성을 잃고 속마음과 다른 말을 내뱉는 것을 가장 경계해야 합니다. 그 말들이 비수가 되어 상대를 찌르는 동시에 자신을 찌르기도 하니까요. 이처럼 의도하지 않은 말실수가 지금까지 잘 가꿔온 관계를 순식간에 망쳐버리는 불운을 불러들일 수 있답니다.

운명학에서 가장 다루기가 까다로운 영역이 바로 말실수에 관한 것입니다. 말실수는 행운의 기회를 막아버리고, 힘겹게 쌓아올린 것들을 한꺼번에 무너뜨리니까요.

《태평어람》에 보면 "질병은 입을 좇아 들어가고, 화근은 입을 좇아 나온다"고 했습니다. 다시 주워 담을 수 없기에 복구가 불가능한 게 바로 말실수의 특징입니다.

한마디의 잘못된 말이 인간관계의 오해, 구설수, 금전적인 손실, 그리고 뜻하지 않은 상호 비난으로 확대되면서 자신과 상대방의 가슴에 상처를 남긴답니다. 결국 사전에 조심하고 예방하는 게 최선의 방법이지요. 그래서 문제가 생길 소지가 있는 고객에게는 특별히 조심해야 할 인간관계와 시기에 대해 미리 알려줌으로써 화를 예방하곤 합니다.

평소에 말을 함부로 하는 습관을 지적받았다거나, 사회생활을 하는 동안 말실수를 한 경우가 있었다면, 주로 어떤 관계에 있는 사람과 어떠한 상황에서 이루어졌는지를 꼼꼼하게 살펴보아야 합니다. 그런 상황이 일어난 원인과 그런 상황이 빚어낸 결과를 스스로 파악해두어야 말실수를 반복하는 일을 피할 수 있기 때문입니다.

술김에 어떤 비밀을 누설했는지, 뽐내고 싶은 마음에 지키지 못할 약속을 해버렸는지, 화가 나서 남의 약점을 비난했는지, 여러 사람이 보는 SNS에 올린 가벼운 농담이 사회적 문제를 야기했는지 등등 살아가면서 말조심을 해야 하는 상황이 한두 가지가 아니랍니다. 여러 인간관계는 기본이고, 지금은 SNS, 문자, 메신저 등 각종 통신수단도 포함이 되지요.

혹시 말실수를 저질렀다면 그에 대한 적절한 대처방법도 미리 강구해야 합니다. 단, 우선적으로 명심해야 할 것은 자신의 실수를 인정하고, 실수를 저지른 자신을 스스로 용서해야 한다는 것입니다. "난 그럴 수밖에 없었어"와 같은 자기 정당화나, "아, 내가 왜 그랬지, 바보처럼!"과 같은 뼈아픈 후회는 모두 멀리 하세요. 자신의 실수를 인정하고, 자신을 진정으로 용서한 다음, 자신만의 방법으로 문제를 해결하면서 묵묵히 앞으로 나아가는 것이 최선이랍니다.

"말이 씨가 된다"는 속담이 있습니다. 남에 대한 칭찬은 행운의 씨앗을 뿌리는 일이고, 남에 대한 험담은 불운의 씨앗을 뿌리는 것과 마찬가지랍니다.

◆ 행운의 법칙 ◆

칭찬은 행운의 씨앗이고, 험담은 불운의 씨앗이다.

현실을 인정하고, 자신을 긍정하라

만족하고 적당한 때 그칠 줄 알면 오래 편안하다 —노자

●

知足不辱知止不殆可以長久

지족불욕지지불태가이장구

사는 게 힘들고 괴로울 때가 있습니다. 불행한 일들이 연속적으로 일어나면 몸과 마음도 지치기 마련입니다. 세상에 상처받지 않은 사람도 없고, 가슴속에 분노 하나 숨기지 않은 사람도 없습니다.

혹시 지금 힘든 상황을 벗어나려고 안간힘을 쓰고 있나요? 그렇다면 잠시 멈추고, 당신의 삶을 점검해볼 필요가 있습니다. 당신 스스로 불행하다고 생각하는 삶들을 한번 나열해보세요.

돈이 없어 가난하다는 것, 몸과 마음이 아프다는 것, 직장생활이 불안하다는 것, 취직하기가 힘들다는 것, 가족과의 갈등이 심하다는 것, 친구와 헤어졌다는 것, 노후가 불안하다는 것 등등 어느 것

하나 힘들지 않은 것이 없습니다. 당신의 것으로 인정하고 싶은 것이 하나도 없습니다. 그러나, 그럴수록 당신의 것으로 크게 인정하고 받아들이는 용기가 필요합니다.

혹여 지금까지 힘든 삶이었다 해도, 그것은 어느 누구도 대신 살아주지 않은 당신만의 삶입니다. 그리고 스스로 인정하든 하지 않든 간에 당신 안에는 당신의 삶에 희망과 행복, 기쁨을 불러올 힘이 있습니다. 이 힘을 활용하기 위해서, 아무리 불행과 불운이 겹친 듯이 보이는 삶이라도 눈을 크게 뜨고 바라보아야 합니다. 아주 작은 것이라 하더라도 고맙고 감사해야 할 일부터 찾아야 합니다.

행운이 항상 함께하는 사람들은 무엇이 다를까요? 운이 좋은 사람들이 보여주는 특징은 지금 마주하는 현실을 인정하고 감사해한다는 점입니다. 행불행을 따로 구분하지 않지요. 모두가 자신이 온몸으로 아끼고 사랑하고 보듬어야 할 것들이니까요.

행복한 미래를 꿈꾸는 사람일수록 자신의 현재를 더없이 소중한 장소로 생각합니다. 미래로 가는 발판임을 알기에 어느 것 하나 소홀히 할 수가 없지요. 그래서 자신의 현실을 바꾸려고 애쓰기보다는 자신이 처해 있는 지금의 상황을 즐기고 감사해합니다.

그리고 자신의 미래에 대한 확고한 믿음이 있기에 스스로를 성장시키는 노력도 잊지 않습니다. 그 과정에서 승자가 되기 위해 기를 쓰는 법도 없답니다. 설사 실패한다고 해도 그것이 오히려 행운을 향해 가는 지름길임을 잘 알기 때문입니다.

운이 좋은 사람은 다른 사람이 성공을 향해 달리는 모습을 보면서 발버둥치지 않습니다. 나에게는 나만의 운명이 있으며, 자신의 운명이 행운과 함께하고 있다는 것을 믿고 스스로의 방법으로 삶을 즐길 뿐이랍니다. 결국 이런 사람들은 남들이 행운이라고 부를 수밖에 없는 편안한 방법으로 자신이 원하는 것을 얻게 됩니다.

현실에 대한 분노와 증오에 기반하는 삶과 현실에 대한 감사와 사랑에 기반하는 삶은 전혀 다를 수밖에 없답니다. 어떤 삶을 선택할 것인가는 순전히 당신이 결정해야 할 몫입니다. 현실을 바꾸려고 애쓰는 삶과 흐름을 따라가며 즐기는 삶, 당신은 어떤 운명을 원하는지요?

누구나 후자의 운명을 원하면서도 "그건 운 좋은 사람들이나 그렇게 사는 거지"라며 스스로의 가능성을 아예 꺾어버리고 맙니다. 그리고 전자의 태도를 불가피하게 선택해야 한다고 생각하지요. 그러나 단언하건대, 당신에게는 선택의 자유가 있답니다.

만약 후사의 삶을 선택하셨다면 우선 자신의 현재를 긍정하는 것부터 출발하세요. 몇 가지 힘든 상황에도 불구하고 당신이 서 있는 '지금 여기'를 인정하고 받아들인다면 그것이 바로 시작입니다. 아울러 현실을 인정하는 이유가 '당신이 당신답게 살고 있기 때문'인지도 점검해봐야 합니다. 단, 평가하는 기준은 남의 시선이 아니고, 당신 내면의 '진정한 나'이어야 합니다.

여러 가지 어려움에도 불구하고 지금까지 당신의 길을 용케 잘 걸어왔다는 내면의 만족을 느낀다면, 나다운 삶을 잘 살아내고 있다는 사실을 인정한다면, 소원을 이루기 위한 모든 준비를 마친 것입니다. 알랭 드 보통이 말했듯, 성공해서 만족하는 것이 아니라 만족하고 있었기 때문에 성공하는 것이니까요.

당신이 어려움 속에서도 작은 위안과 기쁨을 찾아낸다면 그것이 행운의 씨앗이 됩니다. 그리고 그 마음과 미소를 잊지 않은 채, 당신 안에서 행운의 씨앗이 싹을 틔우고 무럭무럭 자라서 열매를 맺는 과정을 즐거운 마음으로 지켜보면 된답니다.

행운의 열매의 주인공은 바로 당신입니다.

◆ 행운의 법칙 ◆
어려움 속의 작은 위안과 기쁨이 행운의 씨앗이다.

좋아하는 일과 잘할 수 있는 일의 차이

급선무를 알아야 한다 — 맹자

•

是之謂不知務

시지위부지무

"지금 흥미를 가진 분야는 음악이지만 특출한 재능을 가진 것은 아닙니다. 10만큼 노력하면 6~7만큼 얻을 겁니다. 그런데 지금 본인도 느끼시다시피 공부는 10만큼 노력하면 12~13을 얻을 수 있습니다. 이런 성향의 사람들은 거의 박사까지 한 경우가 대부분이고, 학계에서도 두각을 나타낸 경우가 많습니다. 지금 음악이 좋다는 이유로 공부를 외면한다면 분명 3년 안에 크게 후회하게 됩니다. 본인은 물론이고 세상을 위해서도 아까운 일이지요."

어머니가 자녀와 함께 컨설팅을 받는 경우가 의외로 많습니다.

자녀의 적성에 따라 진로를 선택해야 할 때 부모님과 자녀의 의견이 엇갈리는 경우가 많기 때문입니다. 일단 자녀의 특성과 적성을 정확하게 파악했느냐는 고사하고, 서로 세상을 보는 기준이 다르기 때문에 앞으로 나아가야 할 방향이 제각각임은 불문가지랍니다.

컨설팅을 받은 학생은 고등학교에 진학하자마자 갑자기 공부를 멀리한 채 음악을 하겠다고 밴드를 조직해 한창 음악 활동에 재미를 붙인 상태였습니다. 그런 아들을 지켜보는 어머니는 '좋아하는 걸 시켜야 하나, 이 길이 아닌 것 같은데……'라며 불안해하고 있었습니다.

컨설팅을 하고 두 달 후, 아들은 음악 활동을 정리하고 다시 공부를 시작했습니다. 원래 학교 성적이 최상위권이었기 때문에 그간의 공백은 노력으로 메울 수가 있었습니다. 결국 국내 최고의 S대학교에 입학한 아들은 경제학 전공을 선택했습니다. 이제는 교수를 꿈꾸면서 자신의 미래를 잘 꾸려가고 있답니다.

물론 한 사람의 장래가 부모님이나 자신의 생각대로 결정되고, 또 결정한 대로 살아지는 것은 아니겠지요. 예체능을 비롯한 특수한 몇몇 분야를 빼고 사람의 특성과 적성은 세월이 흐르면서 바뀌기도 합니다.

사람의 80% 이상은 살아가면서 2~3번 특성과 적성의 변화를 겪는다는 것이 일반적인 운의 원리입니다. 운이 바뀌면서 '내 안의 나'가 새롭게 드러나고, 주위 상황이 변화하고, 추구하는 방향의 변화에 따라 생기는 자연스러운 현상이지요. 이때는 혼란과 기회가 공존하는 시기임을 알아야 합니다.

그리고 결혼 전 자녀가 가진 운의 반은 부모의 몫입니다. 부모가 초조하고 불안해하면 자녀의 학업운을 오히려 꺾는 형국을 만들게 됩니다. 그러니 인내심을 갖고, 관심을 보여주면서 믿음으로 기다리는 게 좋습니다. 그리고 "공부가 안 되면 다른 길도 있다"면서 스스로 마음을 가라앉혀보는 것도 좋습니다. 편안한 모습을 보여주는 부모는 이미 자녀가 수월하게 진학할 수 있는 운을 만들어가고 있는 것이지요.

운명학에서는 직업운을 이야기할 때 일반적으로 잘하는 일과 좋아하는 일, 돈 많이 벌 수 있는 일 등 서너 가지 기준을 적용합니다. 이 가운데 잘하는 일과 좋아하는 일 두 가지 기준을 가지고 몇 가지 경우의 수를 만들 수 있습니다. 물론 개개인의 능력의 편차를 고려하지 않고, 제가 살펴본 운명데이터를 통해 뽑아본 수치임을 먼저 밝힙니다.

직업에서 어느 정도 성과를 낼 수 있는 기준을 10년이라고 본다면, 잘하진 못하지만 좋아하는 일을 선택했을 때, 상위 15%안에 듭니다. 그리고 좋아하진 않아도 잘하는 일을 꾸준히 한다면 상위 3% 안에 듭니다. 마지막으로 상위 1%는 두 가지를 일치시킨 사람의 몫이랍니다. 이런 이유 때문에 직업을 선택할 때 최우선적으로 고려해야 하는 사항이 바로 좋아하는 일이거나, 잘할 수 있는 일이어야 한다는 것이지요.

　단, 일과 행운의 상관관계는 이해하고 있어야 합니다.

　운의 관점에서는 일을 할 때 급하게 해야 할 일과 중요한 일을 구분하는 것이 중요하답니다. 일에 따라 행운이 따르는 시기가 다르기 때문에 그 흐름을 잘 읽어야 한다는 뜻입니다.

　당신이 좋아하고 잘할 수 있는 일이 중요하지만 급한 일이 아닐 수도 있습니다. 일의 경중을 가릴 때는 무엇보다 타이밍을 우선순위에 두고 결정을 하는 것이 바람직하답니다.

◆ 행운의 법칙 ◆

일의 경중을 가릴 때 타이밍을 최우선에 두어야 한다.

지금 하지 않으면 영원히 못한다

살기를 도모하는 사람은 죽을 것이요, 죽기를 각오하면 살 것이다 — 이순신

•

生則死死則生

생즉사사즉생

"사고를 당해 죽음을 체험하면서 옳다고 생각하면 지금 해야지 나중에 하는 것은 의미가 없다는 것을 깨달았습니다. 지금이 아니면 영원히 못합니다."

'한국의 스티븐 호킹'이라 불리는 이상묵 서울대 지구환경과학부 교수가 미국 대륙 횡단을 끝내고 한 말입니다.

이 교수는 지난 2006년 여름 제자들과 미국 서부의 지질환경 탐사 여행을 하던 중 차가 전복되면서 전신이 마비되는 불의의 사고를 당했습니다. 어려운 재활치료를 마치고 서울대에 복귀한 이 교

수는 "하늘이 모든 것을 가져갔지만, 살아 있다는 희망을 남겨놓았다"며 긍정적인 마음으로 언제나 모든 것에 감사하는 마음으로 살아간다고 합니다.

그가 건강에 무리가 될 수 있다는 주변의 만류에도 불구하고 전동휠체어에 몸을 싣고 40일간의 미국 대륙 횡단에 도전한 것은 몇 가지 하고 싶은 일을 죽기 전에 꼭 이루고 싶었기 때문입니다. 일반인도 힘들다는 대륙 횡단을 통해 '지금이 아니면 영원히 못한다(Now or Never)'라는 자신의 인생철학을 성공적으로 증명해보인 셈입니다.

그렇습니다. 행복하고 즐겁게 살아가는 사람들을 보면 인생의 대부분이 '하고 싶은 것들'로 가득 채워져 있답니다. 그들은 하고 싶은 것들을 뒤로 미루지 않고 지금 해내는 사람들이지요.

하고 싶은 것이 많은 사람에게는 꿈과 희망도 많습니다. 이른바 운의 과학에서 말하는 운이 좋은 사람들이지요. 그들의 어떤 마음가짐과 성격이 그들에게 행운을 불러오는 힘이 될까요?

운이 좋은 사람들은 자신의 라이프스타일 또는 가치관에 맞지 않는 일은 소위 '목에 칼이 들어온다 해도' 하지 않는 특성이 있습니다. 또 많은 사람들이 가는 길일지라도, 설혹 그 길에 부와 명예와 권력이 보인다 해도 자기 길이 아니면 가지 않습니다. 제게도 "선생님, 그 길은 제 길이 아니지요?"라며 그냥 웃으면서 넘겨버린답니다. 그리고 설혹 손쉽게 얻는다 해도 자신의 것이 아니기에 곧 잃어버릴 것임을 잘 알고 있습니다.

그리고 자신이 선택한 길을 걸어갈 때에는 어지간한 장애물이 가로막아도 흔들리지 않는답니다. 물론 '이건 아니다' 싶을 때에는 그로 인해 손해를 입는다 해도 눈 하나 깜빡이지 않는 스타일들이지요. 마찬가지로 자기가 가야 할 길임을 확신할 때는 뒤돌아보는 법이 없답니다.

"사람이 어떻게 하고 싶은 것만 하고 사나?"
"다른 사람들이 다 좋다는데, 좋은 게 좋은 거 아니겠어?"
"하고 싶은 게 없어. 뭘 해야 잘할 수 있는지도 모르겠구."

많은 사람들이 일이 잘 풀리지 않을 때 한 번씩 무심결에 내뱉는 말입니다. 이런 사람들의 인생은 하고 싶지 않은 것들로 채워져 있는 것처럼 보입니다.

이런 마음가짐으로 삶을 살아가는 사람에게 행운은 찾아가지 않습니다. 스스로도 문제라는 것을 잘 알고 있지만 눈앞의 작은 이익에 매달려 자기가 가야 할 길을 찾지 못하기 때문입니다.

◆ 행운의 법칙 ◆
운이 좋은 사람의 인생은 '하고 싶은 일'로 채워져 있다.

겸손과 교만이
운명을 가른다

마음을 텅 비우면 세상의 일을 저절로 알 수 있다—장자

•

虛室生白

허실생백

"제가 결국 이 자리에 올랐네요. 감사드립니다."

"진심으로 축하드립니다. 하지만 이제 반 정도 왔을 뿐입니다. 앞으로가 더 중요하답니다. 지금까지 계단을 올라오느라 힘들었다면 이제부터는 살얼음판을 걸어야 하는 힘듦이 기다리고 있습니다. 우선 향후 두 달 동안은 성과에 대한 조급함을 모두 버리고, 겸손하게 행동하는 것이 좋을 듯합니다. 자신만의 경영비전을 꺼내기까지는 아직 3년이 남아 있음을 명심하세요."

젊은 나이에 대기업의 임원이 된 C이사가 승진 사실을 알려왔습니

다. 흥분한 목소리를 감추지 못하는 C이사에게 거듭 주의와 당부가 섞인 조언을 했습니다. 흔히 운이 좋은 시기에 기회를 잡은 듯하다가 놓치게 만드는 교만의 덫에 걸리지 않도록 경계한 것입니다. 일반적으로 사람들이 자기 몫의 행운을 다 쓰지 못하는 이유는 두려움과 의심 때문입니다. 그런데 그릇이 큰 사람의 경우에는 오히려 교만이 자신의 행운을 가로막는 걸림돌로 작용하는 경우가 많습니다.

무라카미 하루키는 자신의 에세이에서 "건전한 자신감과 불건전한 교만을 가르는 벽은 아주 얇다"고 했지요. 그러나 제 눈에는 둘 사이에 매우 먼 거리가 있어 보입니다. 자신감이 긍정적인 자아상과 순수한 믿음을 바탕으로 하는 것에 비해, 교만은 열등감에서 비롯된 허세이기 때문입니다. 자신감은 행운의 원천이지만, 교만은 불운을 불러올 뿐 아니라, 어떤 위치에 있는 사람도 단숨에 추락시키는 힘을 가지고 있습니다.

현재 C이사는 전무로 승진해 승승장구하고 있습니다. 반면 C이사와 함께 전격 승진했던 다른 임원은 지나치게 공격적인 일 처리와 겸손하지 못한 태도로 주변의 신임을 잃는 바람에 2년 후에 사실상 해임과 다름없는 인사 발령을 받았다고 하네요. 결국 두 사람의 운명을 가른 것은 겸손과 교만이라는 삶의 태도입니다. 각자 삶의 태도에서 서로 다른 운이 만들어진 것이지요.

물론 자신의 꿈이 이루어지는 순간 기쁘지 않을 사람은 없습니다. 특히 각고의 노력 끝에 얻는 영광은 주위로부터 쏟아지는 환호로 더욱 빛을 발한답니다. 이런 칭송과 박수 속에 파묻혀 있을 때, 흔히 빠지기 쉬운 두 가지 함정이 있습니다.

하나는 "내 출세를 시샘하는 사람들이 있는데 두고보라구. 지금보다 몇 배의 실적을 보여주면 깜짝 놀라겠지"와 같은 조급함의 함정입니다. 그러나 한 번의 행운을 경험했다고 해서 다음 행운까지 자신이 원하는 시기에 오지는 않는답니다. 좋은 운의 흐름을 이어가기 위해서 지켜야 할 것은 기다림과 타이밍이지요. 행운은 자신만의 시간표에 따라 움직이니까요.

또 하나는 "내가 운이 좋았다고 하는데, 순전히 내 능력으로 이 자리에 올랐다는 것을 보여주겠어. 역시 난 잘난 사람이야. 도대체 내가 못하는 게 뭐야?"와 같은 교만함의 함정입니다. 이러한 태도는 그 자리에 오를 수 있도록 물심양면으로 도와준 사람들에게 배은하는 것과 다름이 없지요. 결국 시간이 흐르면서 자연스레 적이 생기고, 좋지 않은 구설수가 따르게 된답니다.

새는 높은 곳에 둥지를 짓지만, 눈에 띄지 않는 곳에 둥지를 숨기는 법입니다. 지금의 성공에 감사하면서 교만이 아닌 자신감으로 다시 때를 기다리는 것이지요.

◆ 행운의 법칙 ◆
교만이 아닌 자신감을 가지고 때를 기다려라.

일도 사람과
궁합이 맞아야 한다

자신을 알고 사랑하는 사람이 지혜로운 사람이다 — 안연

•

知者自知仁者自愛

지자자지인자자애

처음 만나는데도 오랜 친구처럼 편안한 사람이 있습니다. 반면 10년을 만나도 늘 불편한 사람이 있기 마련입니다. 마찬가지로 일도 내 적성에 맞는 일이 있고, 열심히 한다고 해도 늘 결과가 신통치 않은 일이 있답니다. 결국 일과 사람도 서로 궁합이 맞아야 한다고나 할까요?

우리는 각자 타고난 성격, 재능, 체질, 외모 등 여러 가지가 모두 다릅니다. 우리 주변에 넘쳐나는 성공지침서나 자기계발서들은 각자 자신의 방법을 따르면 된다고 주장하지요. 하지만 무분별하게 그런 방법을 좇아다니는 것은 내가 아닌 남의 인생을 사는 꼴이랍

니다. 따라서 나만의 행운 역시 불러올 수 없습니다.

예컨대 피 말리는 경쟁이 힘들긴 하지만, 역으로 스릴이 느껴져서 즐겁다는 사람이 있습니다. 이런 사람은 경쟁을 통해 성장을 하고, 스스로 행운을 불러들여 행복한 삶을 누리며 살아가지요. 반면 원만한 인간관계, 내가 져주는 자세를 통해 타고난 재능을 꽃피우는 사람도 있습니다. 균형 감각이 없는 사람에게 중요한 협상을 맡기면 일을 그르치기 쉽듯이, 말재주가 좋은 사람이 하루 종일 기계하고만 씨름한다면 속에서 부정적인 에너지를 키우게 된답니다.

대학을 졸업하고 5년째 하는 일 없이 집에만 틀어박혀 사는 상류층 집안의 막내아들 B씨의 예를 들어볼까요? 그가 집에서 하는 일이라고는 엽기적인 만화를 그리거나, 공포영화 DVD를 빌려 보는 게 고작이었습니다. 명문대학교를 졸업하고 의사가 된 누나와 형들에 비해 상대적으로 집안의 큰 골칫덩이였던 셈이지요. B씨의 어머니는 저러다가 막내아들이 정신이상이라도 되는 게 아닐까라는 생각이 들 정도였답니다. 잘난 누나와 형에게 치여서 애가 기를 펴지 못해 그런가 한편 걱정도 했다고 합니다. B씨의 어머니는 결국 막내아들 문제로 저에게 컨설팅을 받았습니다.

"애가 취직을 안 하는지 못하는지 걱정이 태산이에요. 그냥 집에서 하루 종일 컴퓨터만 끼고 살아요. 그리고 하는 일이라곤 고작 귀신 만화나 그린다니까요."

"B씨는 독특한 예술적 재능으로 해외, 특히 아시아에서 크게 활약할 운이 있어요. 국가는 일본이 좋을 듯하네요. 어서 유학을 보내세요. 지금이 지나면 펴지 못한 채 시기를 놓치게 됩니다."

"아니, 지금 우리랑 집에 있으면서도 그렇게 이상한 만화만 그리고 그런 영화만 보는데, 혼자 일본에 보내놓으면 아예 애를 망치게 되지 않을까요?"

"가장 원하시는 건, 결국 아드님의 행복이잖아요? 지금부터 1년만 지나도 후회하시지 않을 것이고, 특히 3년 반 뒤에는 분명히 아드님에게 감탄하시게 될 거예요. 걱정하지 마시고 보내세요. 믿어도 될 만한 그릇입니다."

B씨는 곧바로 일본 유학길에 올랐습니다. 자신이 좋아하는 책과 영화를 더 많이 보기 위해서 일본어 공부를 해두었던 게 일본에 빨리 적응하는 데 큰 힘이 되기도 했습니다. 1년이 지난 뒤, 그는 일본에서 자신이 쓰고 싶어 했던 소설을 쓰면서 주위로부터 인정을 받기 시작했습니다.

현재 일본에서 공포 스릴러물 작가로 활약하고 있는 B씨는 비로소 자신과 궁합이 맞는 일을 찾은 것입니다. 베스트셀러 작가로 성공한 그는 지금도 꾸준히 신작을 발표하면서 독자들로부터 많은 사랑을 받고 있답니다.

집안의 천덕꾸러기에 지나지 않았던 B씨가 일본에 건너가 성공할 수 있었던 이유는 무엇일까요? 타고난 재능, 집안의 재력, 자신의 노력 등 여러 가지를 이유로 꼽을 수 있겠지요. 그러나 보다 중요한 것은 B씨가 자신을 알고, 자신이 절실하게 하고 싶어 하는 일이 무엇인지를 알고 있었다는 사실일 것입니다. 때문에 식구들이 뭐라 하건 자신에게 집중할 수 있었고, 또 그 일을 하기 위해 자연스럽게 노력을 하게 되었던 것입니다. 직업운을 끌어올리는 전형적인 마인드라 할 수 있겠지요.

직업운을 좋게 하려면 지금 당신이 하는 일이 무엇이든 대부분의 경우, 다른 사람이 절실하게 필요로 하는 무언가를 채워주는 것임을 알고 감사해야 합니다. 당신이 만든 물건, 당신이 하는 서비스는 비록 대단한 것이 아닌 듯 보일지라도 누군가에게는 큰 기쁨이 되는 것이기 때문입니다.

그리고 이렇게 생각함에도 불구하고 당신의 가슴이 설레지 않는다면, 무조건 자신에게 맞는 다른 일을 찾기 이전에 당신 스스로 일이란 원래 힘든 것이라는 고정관념에 빠져 있지는 않은지 점검해 볼 필요가 있습니다.

"돈 버는 게 어디 쉽냐?" 또는 "일이란 게 다 그렇지. 세상에 쉬운 일이 어딨어?" 같은 말들로 어릴 때부터 세뇌를 당한 우리들이 아니던가요? 컨설팅을 하다보면 실제로 적성에 맞는 일을 하는 사람조차 지금 하고 있는 일이 많이 힘들다는 생각에 빠져 있는 것을 보게 됩니다. 다가와 있는 행운조차 붙잡지 못하고 있는 것이지요.

다른 누구도 의식하지 말고 당신의 내면에서 간절히 원하는 꿈을 발견하세요. 아울러 당신답게 살고, 일하고, 감사하는 게 직업운을 좋게 해준다는 사실을 꼭 명심하세요.

◆ 행운의 법칙 ◆
당신답게 살고, 일하고, 감사하라.

오래된 비밀

초판 1쇄 인쇄 | 2013년 2월 25일
초판 1쇄 발행 | 2013년 2월 28일
초판 16쇄 발행 | 2024년 8월 23일

지은이 | 이서윤
펴낸이 | 황보태수
기획 | 박금희
마케팅 | 유인철
디자인 | 여상우
인쇄·제본 | 한영문화사

펴낸곳 | 이다미디어
주소 | 경기도 고양시 일산동구 강석로 145, 2층 3호
전화 | 02-3142-9612
팩스 | 070-7547-5181
이메일 | idamedia77@hanmail.net

ISBN 978-89-94597-13-3 13180

이 책은 저작권법에 따라 보호받는 저작물이므로 무단전재와 무단복제를 금지하며,
이 책 내용의 전부 또는 일부를 이용하려면 반드시 저작권자와 이다미디어의 서면동의를 받아야 합니다.